20世纪中国科学口述史
The Oral History of Science in 20th Century China Series

# 雷达人生
## ——张直中口述自传

My Radar Career: the Oral Autobiography of Zhang Zhizhong

湖南教育出版社

《20世纪中国科学口述史》丛书编委会

主　编：樊洪业
副主编：王扬宗　黄楚芳
编　委（按音序）：
　　　　樊洪业　黄楚芳　李小娜　王扬宗　熊卫民
　　　　杨　舰　杨虚杰　张大庆　张　藜

20世纪90年代,张直中在十四研究所办公楼顶向记者介绍雷达设备

# 雷达人生
## ——张直中口述自传
My Radar Career: the Oral Autobiography of Zhang Zhizhong

## 主编的话

### 以挖掘和抢救史料为急务

自文艺复兴以来，西方经过宗教改革、世界地理大发现、科学革命和产业革命，建立了资本主义主导的全球市场和近代文明。在此过程中，科学技术为社会发展提供了最强大的动力，其影响至20世纪最为显著。

在从传统社会向近代社会的转型中，国人知识结构的质变，第一代科学家群体的登台，与世界接轨的科学体制的建立，现代科学技术学科体系的形成与发展，乃至以"两弹一星"为标志的一系列重大科技成就的取得，都发生在20世纪。自1895年严复喊出"西学格致救亡"，至1995年中共中央、国务院确定"科教兴国"的国策，百年中国，这"科学"是与"国运"紧密关联着的。百年中国的科学，也就有太多太多的行进轨迹需要梳理，有太多太多的经验教训需要总结。

关于20世纪中国历史的研究，可能是格于专业背景方面的条件，治通史的学者较少关注科学事业的发展，专习20世纪科学史者起步较晚，尚未形成气候。无论精治通史的大家学者，或是研习专史的散兵游勇，都共同面临着一个难题——史料的缺乏。

史料，是治史的基础。根据20世纪中国科学史研究的特点，搜求新史料的工作主要涉及文字记载、亲历记忆、图像资料和实物遗存这四个方面。

20世纪对于我们，望其首已遥不可及，抚其尾则相去未远。亲身经历过这个世纪科学事业发展且作出过重要贡献的科学家和领导干部，大都已是高龄。以80岁左右的老人为例，他们在少年时代亲历抗日战争，大学毕业于共和国诞生之初，而国家科学事业发展的黄金十年时期（1956—1966）则正是他们施展才华、奉献青春、燃烧激情的岁月。这些留存在记忆中的历史，对报刊、档案等文字记载类史料而言，不仅可以大大填补其缺失，增加其佐证，纠正其讹误，而且还可以展示为当年文字所不能记述或难以记述的时代忌讳、人际关系和个人的心路历程。科学研究过程中的失败挫折和灵感顿悟，学术交流中的辩争和启迪，社会环境中非科学因素的激励和干扰等等，许多为论文报告所难以言道者，当事人的记忆却有助于我们还原历史的全景。

湖南教育出版社欲以承担挖掘和抢救亲历记忆类史料为己任，于2006年启动了《20世纪中国科学口述史》丛书的工作计划，在学界前辈和同道的支持下，成立了丛书编委会，于科学史界和科学记者群中招兵买马，认真探索采访整理工作规范和成书体例。通过多方精诚合作，在近两年中已出版图书20种，得到了学术界和读者的认可。

近年兴起的口述史（Oral History）热潮，强调采访者的责任，强调采访者与受访者之间的互动，强调留下"有声音的历史"。不过，口述史内容的"核心"是"被提取和保存的记忆"（唐纳德·里奇《大家来做口述历史》）。把记忆于头脑中的信息提取出来，方法上有口述与笔述之差别，但就获取的内容而言，并无实质性的差别。因此，本丛书当前在积极组织从事口述史采访队伍的同时，也积极动员资深科学家撰写回忆文本，作为"笔述系列"纳入到本丛书中来。

科学，作为一种社会事业，除科学研究之外，还包括科学教育、科学组织、科学管理、科学出版、科学普及等各个领域，与此相关的人物和专题皆可列入选题。

本丛书根据迄今践行的实际情况，在大致统一编辑规范的基础上，将书稿划分为5种体例：

1. 口述自传——以第一人称主述，由访问者协助整理。

2. 人物访谈录——以问答对话方式成文。

3. 自述——由亲历者笔述成文。

4. 专题访谈录——以重大事件、成果、学科、机构等为主题，做群体访谈。

5. 旧籍整理——选择符合本丛书宗旨的国内外已有文本重新编译出版。

形式服务于内容，还可视实际需要而增加其他体例。

受访者与访问整理者，同为口述史成品的作者。忆述内容应以亲历者的科学生涯和有关活动为主线展开，强调以人带史，以事系史，忆述那些自己亲历亲闻的重要人物、机构和事件，努力挖掘科学事业发展历程中的鲜活细节。

书中开辟"背景资料"栏，列入相关文献，尤其注重未经披露的史料，同时还要求受访者提供有历史价值的图片。这些既是为了有助于读者能更好地理解忆述正文的内容，也是为了使全书尽可能地发挥"富集"史料的作用。

有必要指出，每个人都会受到学识、修养、经验、环境的局限，尤其是人生老来在记忆力方面的变化，这些会影响到对史实忆述的客观性，但不能因此而否定口述史的重要价值。书籍、报刊、档案、日记、信函、照片，任何一类史料都有它们各自的局限性。参与口述史工作的受访者和访问者，即便是能百分之百做到"实事求是",也不能保证因此而成就一部完整的信史。按名家唐德刚先生在《文学与口述历史》一文中的说法,口述史"并不是一个人讲一个人记的历史,而是口述史料"。史学研究自有其学术规范,不仅要用各种史料相互参证,而且面对每种史料都要经历一个"去粗取精,去伪存真"的过程。本丛书捧给大家看的,都是可供研究20世纪中国科学史的史料,囿限于斯,珍贵亦于斯。

受访者口述中出现的历史争议,如果不能在访谈过程中得以澄清或解决,可由访问者视需要而酌情加以必要的注释和说明。若对某些重要史实有不同的说法,则尽可能存异,不强求统一,并可酌情做必要的说明或考证。因此,读者不必视为定论,可以质疑、辨伪和提出新的史料证据。

本丛书将认真遵循求真原则和史学规范,以挖掘和抢救史料为急务,搜求各种亲历回忆类史料,推动20世纪中国科学史的研究!

欢迎各界朋友供稿或提供组稿线索,诚望识者的批评指教。谨以此序告白于20世纪中国科学史的研究者和爱好者。

樊洪业<br>
2011年元月于中关村

# 雷达人生
## ——张直中口述自传
My Radar Career: the Oral Autobiography of Zhang Zhizhong

 目录

| | | |
|---|---|---|
| 自序 | | 001 |
| 引言 | | 004 |
| 第1章 | 海宁家世 | 002 |
| 第2章 | 发愤读书 | 008 |
| | 初到上海 | 008 |
| | 尚公小学 | 010 |
| | 东吴附中和光华附中 | 012 |
| 第3章 | 求学艰辛 | 016 |
| | 首选浙大 | 016 |
| | 在西湖边"玩"了一年 | 019 |
| | 西迁颠簸 | 021 |
| | 宜山遇险 | 024 |
| | 遵义半年 | 026 |
| | 校长竺可桢 | 028 |
| | 恩师王国松 | 031 |

## 第4章 访问学者 036
重庆电信机械修造厂 036
乘水上飞机赴英 039
莱斯特大学 039
英国雷达 041
电子和电声公司 043
同班同学张煜 046
欧洲大陆游 047

## 第5章 回国报效 050
回国 050
兼职教授 051
留在大陆 052
调往南京 054

## 第6章 中国雷达 058
中国首台雷达 058
参加十二年科学技术发展远景规划 061
新技术新体制设计 063
"冒进"的后果 065

## 第7章 单脉冲雷达 070
贯彻十四条 070
放弃磨石山体制 072
脉冲压缩课题 073
两个新的"第一台" 077

| | | |
|---|---|---|
| | 靶场测量雷达 | 078 |
| | 远程导弹预警雷达 | 079 |
| | 科学会堂报告 | 082 |
| 第8章 | "文革"十年 | 086 |
| | 参加"四清" | 086 |
| | "摇摇停"的"110" | 087 |
| | "埋伏得很深的特务" | 091 |
| | 挖防空洞 | 093 |
| | 《雷达手册》 | 093 |
| | 《雷达信号的选择与处理》 | 096 |
| 第9章 | **重抖精神** | 098 |
| | 率团访美 | 098 |
| | 开启国际交流窗口 | 103 |
| | 汤永谦、姚文琴伉俪 | 106 |
| | 《现代雷达》杂志 | 107 |
| | 机载脉冲多普勒体制 | 110 |
| | 《中国大百科全书》中的雷达 | 112 |
| | 《微波成像术》 | 113 |
| | "争气雷达" | 114 |
| | 863高科技项目 | 116 |
| | 机载和星载合成孔径雷达 | 118 |
| 第10章 | **荣誉·责任·心态** | 122 |
| | 晋职与入党 | 122 |

博士生导师 124
工程院首批院士 126
申仲义奖 127
技术领导的职责 132
和睦家庭 133
捐资助学 136
"莫生气" 138

## 附录 141
我和张总的交往 142
回忆张直中院士科研学术工作 146
学生眼中的张直中——汪学刚访谈录 149
女儿眼中的父亲——张幼珍访谈录 156
张直中年表 162
张直中主要著述目录 165
人名索引 171

## 后记 176

# 雷达人生
## ——张直中口述自传
My Radar Career: the Oral Autobiography of Zhang Zhizhong

# 自 序

从1840年鸦片战争起，中国与帝国主义列强的历次战争均失败了，赔款割地，中华民族受尽了屈辱。在我中学时代，中国知识分子中出现了一种论调：国弱是由于中国的工业太弱，强国必先振兴民族工业。这种"工业救国"论的主张已深入我心。1936年，我考入浙江大学电机系，定下了终生事业。1940年，从浙江大学电机系电信专业毕业后，经恩师王国松先生介绍，我去重庆化龙桥的国民政府国防部后勤部重庆电信机械修造厂做技术室主任助理研究员。那时中国在技术上一穷二白，连较像样的家庭收音机也不能生产，当然更谈不上设备非常复杂、技术含量很高的雷达了。此后，我去英国两年多，学习了当时已有的三种超高频雷达（警戒、探照灯和炮瞄）。依靠这些雷达，二战中英国人在伦敦空战中打击了德国希特勒对其的进攻，并帮助盟军后期在法国登陆打入德国本土。零距离的观摩和学习，让我开阔了眼界，一股为祖国雷达事业献身的激情油然而生。

由于我在英国学过雷达，1950年10月，接到组织上的调令，于1951年1月到今天的十四研究所（当时称第一电信技术研究所）报到。1953年前后，带领团队研制成功中程对空警戒雷达，其后生产了数十台在全国布防；1956年春夏，我去北京参加《十二年科学技术发展远景规划》的编制，重点规划中国雷达技术的长远发展，也涉及其他方面的发展，例如与电子信息发展有关的多种元器件研制的问题。1962年，提出脉冲压缩技术，主持了研制体声波和表面声波及其配套电路，并应用于我所研制的两台超远程雷达上，中国即用此雷达跟踪了美国"天空实验室"卫星和苏联1402号核动力卫星，并用它确定了这两颗卫星坠落的时间与地点。1964年，我领导研制成功的单脉冲雷达，是当时只在杂志上有原理性探讨并未见国外有实样的雷达，它比当时苏联援建的工厂生产的苏式圆锥扫描雷达的测角精度高出3倍。1980年4月，我作为中国雷达代表团团长去美国参加第二次国际雷达会议，讲述了中国的雷达技术研究发展概况，使美国人大为惊异。同年9月，美国国防部组成10人雷达和微波高级代表团到中国，来访的第一个单位就是十四研究所。1986年，开展了美国禁止转让的机载雷达空对地多普勒波束锐化8倍技术的研究，写了关于多普勒波束锐化技术的原理和实践方法的文章，现十四所机载雷达的多普勒波束锐化已远超过8倍。1992年，我主持的"逆合成孔径雷达成像"课题获机械电子工业部科技成果一等奖。1999年，获何梁何利科技进步奖。2004年初，出版了自己的第四本专著《机载和星载合成孔径雷达导论》。

我有幸经历了中国雷达技术发展从无到有、从小到大的60年。回顾自己的雷达人生，我无怨无悔，心满意足。人生有限，科学无限。活到老，学到老，以有限逐无限，是科学工作者的无悔本质。同时，我觉得，雷达这个高科技领域，过去、现在、将来都充满着激烈竞争。凡是最尖端技术，人家"卡"你，实行"禁运"，怎么办？唯有靠自力，长志气。当前尤其应大力发展应用研究、开发设计、制造加工等综合工程技术，以有利于在雷达技术总体上尽快赶上世界先进水平。愿建设21世纪富强祖国的年轻"雷达"人，踏在我们老一辈科学工作者的肩上，奋力攀登！

感谢钱永红同志一年多来，为我收集整理出近70年雷达生涯的重要文献、史料，其中还有不少是我记不清的资料。与他的多次交谈、看着他四处钩沉获得的史料，勾起了我对往事的美好回忆，这真是一件十分愉快的事情。

张直中

2011年8月29日

# 雷达人生
## ——张直中口述自传
My Radar Career: the Oral Autobiography of Zhang Zhizhong

# 引 言

  雷达的基本概念形成于 1920 年代初期，但是直到第二次世界大战前后，由于作战需要，雷达技术才得到迅速发展，与火箭和原子弹同为现代科学研究之结晶。第二次世界大战初期，法国沦陷，英国在英法海峡沿岸筑起了雷达链，由此赢得了英伦空战的胜利，粉碎了德国占领英国的战略企图。美国参战后，立即集合了上千名数学家、电子学家、物理学家，大力开发应用于陆、海、空军的作战雷达，将雷达正式定名为无线电检测和测距（RADAR，Radio Detection And Ranging）。

  在中国，雷达技术研究开始于 1940 年代，发展于 1950 年代，经历了从小到大，从维修、仿制到自行研制的发展历程，走出了一条"自力更生，艰苦奋斗，勇攀高峰，开拓创业"的发展道路，张直中先生就是整个中国雷达发展历程的参与者和见证人。

  张直中先生，1940 年毕业于浙江大学电机系电信专业，1945—1947 年，作为公派访问学者去英国学习雷达和超高频技术，成为我国最早接触雷达技术的技术人员之一。回国后，他潜心从事雷达技术研究与开发，成为我国雷达技术的开拓者之一，在他手中诞生了诸多中国雷达的第一。1950 年代初期，张先生试制成功中程警戒雷达，开创了中国自行设计和生产雷达的历史；1957年主持论证低空警戒雷达方案，研制成功我国第一部微波动目标显示雷达；1961年提出单脉冲跟踪体制的研究，并于1964年领导研制出我国在雷达发展史上具有里程碑意义的首台单脉冲试验雷达。

张先生于1960年代初率先开展脉冲压缩技术的研究，取得了体声波和表面波色散延迟线以及配套电路的研制成果。1964年提出用相控阵体制解决导弹预警，领导相控阵雷达总体研究和多种关键技术研究。由他提出的脉冲压缩与编码技术及相控阵体制研究为我国110超远程精密跟踪雷达和7010相控阵预警雷达打下了坚实的基础。该两部雷达分别于1979年和1983年准确地跟踪到正在坠落的美国"天空实验室"卫星和苏联1402号核动力卫星，为我国精确预报上述两颗失控卫星坠落的时间和地点提供了数据，在国内外产生了较大的影响。1980年代和1990年代，张直中从事多普勒波束锐化、合成孔径雷达和逆合成孔径雷达的技术研究，取得多项重大成果。

张先生从事的工作与国防军工有关，所以，社会公众对他的道德文章不甚了解，加上他为人低调，迄今还没有长篇传记问世，只有少量有关他的传略出版。《雷达人生——张直中口述自传》是他本人一生经历的全面回顾。全书分为十章，以时间为顺序，介绍其家庭影响、师承关系、心路历程、学术成就和社会活动。本书的附录，收录了两篇张先生的同行好友对他雷达人生的评价以及与张先生所带的博士生和女儿的访谈录，旨在以不同的视角，走近这位德高望重的雷达专家。

由于张直中先生年事已高，加之他长期从事保密职业，不记日记，不留笔记，采访中，他对一些历史人物姓名和历史事件发生的时间、地点记忆模糊。我虽然尽力做了一些调研工作，以唤起他的回忆，略有所补，但由于个人水平有限，总觉得力不从心，切盼读者及专家批评指正。

钱永红

2012年7月于南京东箭道寓所

我们那里名气最大的是盐官潮,即钱塘潮。古往今来,多少文人墨客到此一游,感慨万千,留下了许许多多优秀的咏潮诗文。王国维在一首《虞美人》中写过:"海门空阔月皑皑,依旧素车白马夜潮来","人间孤愤最难平,消得几回潮落又潮生",既生动描述了钱塘夜潮这一天下奇观,也隐约流露出自己对思想自由、世道公平的渴望心境。

# 第1章 海宁家世

我的家乡在浙江省海宁县（现在改为市）的盐官镇，地处嘉兴的南面，杭州的北面。盐官始建于西汉，三国时叫盐官县，到了唐朝，盐官就以其发达的经济和盛行的宗教而名扬海内，是当时全国著名的三个繁荣县市之一，明朝时改为海宁县，取"海涛宁谧"之意。盐官镇一直是海宁的中心，直到1949年才迁至硖石镇。我们那里名气最大的是盐官潮，即钱塘潮。古往今来，多少文人墨客到此一游，感慨万千，留下了许许多多优秀的咏潮诗文。王国维在一首《虞美人》中写过："海门空阔月皑皑，依旧素车白马夜潮来"，"人间孤愤最难平，消得几回潮落又潮生"。既生动描述了钱塘夜潮这一天下奇观，也隐约流露出自己对思想自由、世道公平的渴望心境。

王国维先生也是盐官人。王家位于西门内周家兜，往南面几百米远处，就是举世闻名的钱江一线潮汇合处。我家与王家是姻亲，我的两个姑妈张霭云和张祥云分别嫁给了王国维的两个儿子王贞明和王纪明。我的祖父张光第，曾在家乡与王国维有过交往。

我家族世代经营蚕丝生意，在盐官是有点名气的。祖父张光第

(1875—1916)，字渭渔，继承祖业，蚕丝生意维持得还算平稳。但有一年行情掌握不好，蚕茧买得过多，产的丝卖不出去，生意一落千丈，急得他吐血，病倒了。祖父为未能抱上孙子而遗憾，临终前，望着母亲的肚子感叹一句：我们张家已有三代爷爷见不到孙子面了。

我的父亲叫张正学（1897—1986），字昌伯，1916年毕业于上海民立中学①，考入天津北洋大学法科②。获法学士后毕业，先在上海法院任推事，薪水600大洋。后因法院无理减薪，一气之下，他愤而辞去公职，成为上海的挂牌律师，并在东吴大学法学院③担任了20多年的兼职教授，教

父亲张正学　　　　　　　　　　张正学著作

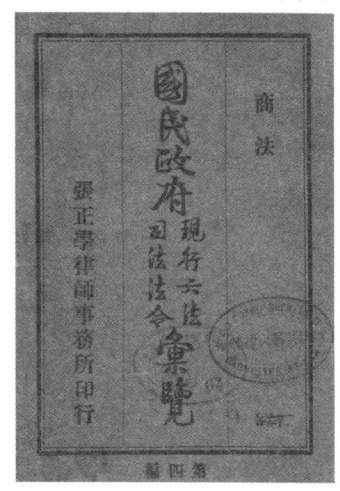

---

① 民立中学始建于1903年，现为上海静安区重点中学。民立中学以"治学严谨，学融中西，注重书法，尤以英文见长"著称于沪。张正学在校刊《民立（上海1915）》用英文发表过 Description of Haining 和 Beggar 等作文。

② 北洋大学法科始建于1895年，1924年并入北京大学。

③ 东吴大学法学院（原名"中华比较法律学院"）始建于1915年，开设民法、英美法、中国法三个系统的法律制度课程。

授中国法。他与吴经熊①、曹杰、俞承修等教授交往频繁,在《法学季刊》、《法学杂志》、《法学丛刊》和《东方杂志》等刊物上发表了多篇"社论"或学术性论文,还著有《国民政府现行六法司法法令汇览》六册,《民法总则注释》一册。

父亲是民国时期上海较有名的执行律师,自己开设张正学律师事务所。他乐意替国人打官司,但不与上海滩上赫赫有名的大亨黄金荣、杜月笙往来。他说过,不会与这两个"老头子"打交道。凡是与他们有瓜葛的官司,即便待遇优厚,也不心动。

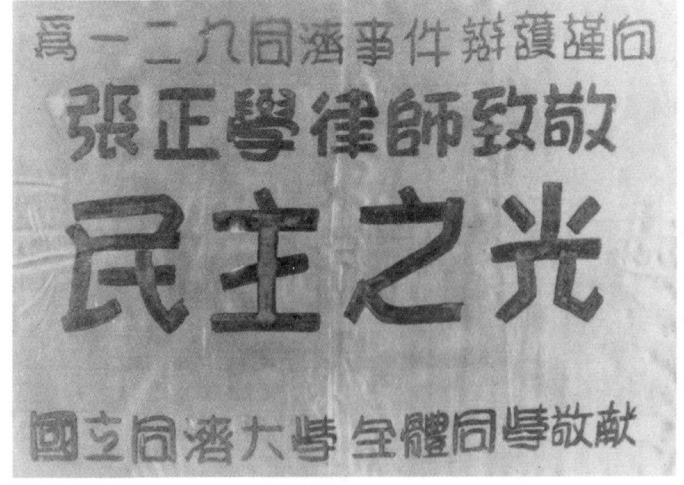

1948年,同济大学学生会授予张正学"民主之光"锦旗

1948年1月,为抗议英国人在香港九龙制造震惊全国的"一·五"流血事件,上海大学生举行了抗议活动。同济大学的3 000名学生积极参与,为维护民主和自治权利而斗争。1月29日,数千名军警包围了同济工学院校舍,残酷镇压4 000

---

① 吴经熊(1899—1986),字德生,浙江鄞县人。1916年入天津北洋大学,1917年转东吴大学法科。1921年获美国密歇根大学法学博士学位,后赴巴黎大学、柏林大学、哈佛大学访学。1924年,任东吴大学教授,1927年任上海特区法院法官、东吴大学法学院院长。1946年任驻梵蒂冈罗马教廷公使、制宪国民大会代表等。1966年由美国赴台湾。1986年2月6日在台北逝世。

多名同济学生和赶来支援的兄弟学校的学生，致使数十名学生受伤，近百名学生被捕。3月15日，上海地方法院对斗争中被捕的同济11位同学进行审判，父亲和俞锺骆、俞承修、袁家璜等11位律师出庭为学生们义务辩护。4月16日，上海地方法院宣布所有被捕学生无罪。同济大学学生会曾授予我父亲一面称誉为"民主之光"的锦旗。

父亲于1916年结婚。我母蔡知觉（1896—1926）也是海宁人。

1917年4月1日（农历丁巳年闰二月初十），我出生在盐官镇，取名直中。

父张正学、母蔡知觉和外婆的合影

我的幼年是在盐官度过的，但对家乡的印象不深，记忆模糊，对钱江潮的壮观印象还是在读大学时，暑假与同学一起观赏后产生的。父亲北洋大学毕业后，到上海工作，我家就定居上海了。但我一直心系家乡，家乡人也没有忘记我。到了晚年，我的思乡之情更加强烈。20世纪80年代，我得知海宁图书馆需要扩充，就捐出一车书籍。海宁档案馆征集档案，我也积极响应。家乡人也常来南京看望我，采写我的生平，海宁电视台还拍摄了一部我的专题片①。

张直中1980年代参观海宁档案馆并题词（中坐者张直中）

---

① 《潮乡骄子——海宁籍两院院士纪实·中国雷达之父张直中》（海宁广播电视台2008年）。

我很纳闷，问父亲这是为什么，父亲叹口气，告诉我：这是因为中国太弱，所以外国人敢在中国的土地上欺负我们中国人，不把中国人当人啊。我一直无法忘记中国人受洋人欺凌的情景，幼小的心灵里萌发出对帝国主义的憎恨。

# 第2章 发愤读书

## 初到上海

我6岁随父母亲定居上海。当时的上海是半殖民地的典型,市内有英租界、法租界、美租界、日租界。一天,父亲带我上街来到一处,我好奇地问:"这是什么牌子?"父亲说:"英租界。"我又问:"英租界是什么?"父亲答道:"就是英国人占着我们的地盘。"我们来到公园门前,我想进去玩玩,父亲指着公园大门上挂着的"华人与狗不准入内"牌子说:"那儿不能去。"在英租界,有英国人雇佣的印度警察,因为他们头上包着红头巾,所以上海人都叫他们"红头阿三"。我目睹了那些"红头阿三"拿着警棍乱打街上走过的中国劳工苦力。我很纳闷,问父亲这是为什么,父亲叹口气,告诉我:这是因为中国太弱,所以外国人敢在中国的土地上欺负我们中国人,不把中国人当人啊。我一直无法忘记中国人受洋人欺凌的情景,幼小的心灵里萌发出对帝国主义的憎恨。

9岁那年7月,我又有了小弟弟。母亲产后非常虚弱,而外祖母老派、守旧,生怕母亲坐月子时吹到风,特别用棉被将卧室门窗封闭,却没有想到在炎热的夏天那样做,竟导致母亲由此加重病情。等父亲用马车请来医生时,母亲已是奄奄一息了。医生一看,拔腿就走。外婆立刻抱着医生的脚,乞求医治。医生踢了外婆一脚,头也不回地上了马车。母亲过世后,我们在家里设灵堂,并做了7天的道场。我们家已经是简化了,很讲究的老派人家要做49天呢。

我的继母叫周大一(1900—1986),浙江省

继母周大一

1930年代全家福,摄于上海寓所(中坐者祖母,后排左3继母,左4父亲,左5张直中)

立女子师范毕业,婚前是盐官的小学教师,1927年与父亲结婚,婚后一直操持家务,相夫教子。我幼年深受继母的影响。

## 尚公小学①

童年的我很顽皮。记得一次母亲带我和弟弟外出,给了每人一包糖,有十颗。弟弟在路上全吃完了,还要,母亲向我借了三颗给弟弟吃,并说到家后还我三颗。我说得还我六颗才和弟弟一样多。我和母亲一路争论,至家也无结果。某一天晚上,我已上床睡下,还没有睡着,就听见父亲和母亲讨论给弟弟请家庭教师,说我会带坏弟弟的,让我上高小时就去住校。祖母朱松泰(?—1963)很爱我这个长孙,到床边摇摇我,我却故意装睡没有反应。

1924年,父亲果真安排我去离家比较远的尚公小学读书,我也真的成了住宿生,除了礼拜天回家以外,平时都吃住在学校,当然我的学费要比走读生贵多了。

尚公小学是由张元济先生主持的商务印书馆开办的。"尚公"意思是崇尚公共教育和公共精神。该校创办的目的是为小学师范讲习所的成员提供实习场所,更重要的是以张元济为首的商务学人认识到学校可为商务教科书提供检验标准。商务印书馆为学校提供各种补贴,以确保教育活动的开展。这个学校教书先生很严格,我有过因顽皮而被打手背的经历。尚公

---

① 尚公小学是一所带有福利性质的学校,成立于1907年,因为师资的强大而迅速成为上海的名牌小学。学费虽然比一般学校高,但报名入校的学生还是很多。历任校长有蒋维乔、徐念慈、庄俞、吴研因等。叶圣陶、郭绍虞等曾在该校任教。

张直中与弟妹合影于上海寓所（右1张直中）

上海新大沽路406弄2号张家寓所原址

小学设初等、高等五个年级，教学全用白话文。

我在尚公小学受到了极为良好的教育。学校非常注重儿童身心发育，注意儿童的国民道德培养，并教授儿童以实用技能。学校教育我们要有爱国心。中国的许多"国耻日"在5月份，被称为"鲜血染红了鲜花的红五月"。每逢"国耻日"，学校用一小时时间开纪念会，由校长讲解这个"国耻日"的历史由来，勉励学生发愤读书，将来为国图强雪耻。

## 东吴附中和光华附中

1930年，小学毕业，我进入上海东吴大学附属中学，仍旧是住读。我喜欢读书，不偏科，对物理和数学兴趣更大一些。在校期间，发生了"九一八"事变，日本帝国主义侵吞了我们东北三省。1932年1月28日，日本军队企图侵占上海，作为继续侵略中国的基地。他们由租界向闸北一带进攻。我在自家阳台看到了日本飞机投弹，轰炸民房。商务印书馆和尚公小学也被他们炸毁了。驻守上海的十九路军，由蔡廷锴、蒋光鼐两位将军率领，奋起抵抗，开始了淞沪抗战。淞沪抗战历时1个多月，但由于政府决定执行不抵抗政策，十九路军腹背受敌，被迫撤离上海。5月5日，政府与日本签订了《淞沪停战协定》，规定上海为非武装区，我们自己的军队不得驻守在上海至苏州、昆山一带。"一·二八"事件后，东吴附中被迫停办，我只得转学至上海光华大学附属中学。

光华附中以"格致诚正"为校训。主任廖世承①将全校学生作为训练对象，把服务社会、

张直中16岁时照片

---

① 廖世承（1892—1970），字茂如，江苏嘉定（今上海嘉定）人，中国现代心理学家和教育家。1915年清华学校毕业后公费留美，获布朗大学哲学博士学位。1927年到上海光华大学任教授、副校长，兼任附中主任。1932年，他力辞副校长兼职，集中精力主理附中事务。

献身国家作为教育训练的目标，使学生增进知识、陶冶情操、养成能力、健全身体。1930年代前期，上海全市中学会考，光华附中连续两届成绩名列第一，是当时上海三所知名中学①之一。

看到祖国河山屡遭沦陷，百姓生灵涂炭，又在课本里读了岳飞的《满江红》，我们真是怒发冲冠，发誓一定要为国出力，洗刷国耻。国文老师要求学生们一定要背诵岳飞的《满江红》，直到现在，我还能全部背诵下来：怒发冲冠，凭阑处，潇潇雨歇……

近代中国与帝国主义列强的历次战争都失败了，赔款割地，中华民族受尽屈辱。如何像岳飞那样，精忠报国，是我当时一直在思考的问题。那时在中国知识分子中出现了一种论调：国弱是由于中国的工业太弱，强国必先振兴民族工业。这种"工业救国"论的主张在中学时代已深入我心。

在光华附中的4年里，我勤奋刻苦，成绩优良。"科学救国"的声浪使光华附中的同学们渴望科学新知，在校方的课外作业委员会以及胡梅轩、金马丁和陆尔强老师的引导下，同学们自发组织起附中科学会，入会费每人仅半元。在当时的普通中学，好像很少有这种组织的。我们的科学会分

《科学世界》第二卷第十一期目录

---

① 另两所为省立上海中学和私立南洋模范中学。

张直中发表在《科学世界》
第二卷八期上的文章

有四个组：物理、化学、生物和数学。全体会员都牢牢记住廖主任的那句"还要注意你们的功课"的叮嘱，充分利用课余时间，互相切磋科学上的知识，互相帮助，进行各种有意义的实验工作。我参加的是化学组，组里的会员不如物理组多，但我和大家都热衷于实用工艺化学，制造出肥皂及化妆品一类的东西。我将自己参加化学组制作氧气的过程写成文字发表在1933年的《科学世界》杂志上。1934年，我又在《光华附中》半月刊上发表了《毒气防御略述》、《酒精之制造及检验法》等小文章。

我对物理的学习兴趣更大，1933年在《科学世界》杂志上发表了《X线发生的浅说》。1935年5月，又撰写了《放射浅说》一文，刊登在《光华附中》（毕业特刊）上，获得校内师生和校外读者的好评。文中叙述了放射性物质的发现和X线的发明是现代科学上的两大贡献。

　　我们电机系有电力和电信两个专业，两个专业的学生一至三年级读的是相同课程，四年级的课程才分开，我选择了电信专业。电信专业比电力专业学的必修课程和选修课程要多得多。之所以选定电信，是我决定将国防事业作为己任，准备用自己所学的科学知识，投身无线电行业，为国效力。

# 第3章 求学艰辛

## 首选浙大

我高中毕业时,父亲的希望,是我作为长子能继承其衣钵。他要我报考大学法学系,这样毕业后可以在他的事务所里,由他携我走上律师之路。而我的祖母则希望我这个孙子进海关学院,因我有两个姑父均是该校毕业生,毕业后也能在海关做事,收入一定丰厚。其时,大学毕业生一般为月薪80元,而在海关工作则为160元,因此,祖母认为那应是我的首选。长辈们当然都是为了我的个人前程考虑,但我心里另有打算。在"科学救国"、"工业救国"的思想引导下,我没听从家人的安排,既违背了父亲的意愿,没有报考大学法律系,也说服了祖母,放弃报考海关学院。在1936年,我参加了中央大学和浙江大学两所大学的招生考试,结果这两所学校都给我发来了录取书。我最后选择了比较理想的浙江大学工科专业。

1936年8月24日《申报》刊载浙江大学、中央大学新生录取名单，张直中被两校同时录取

1930年代浙江大学大门（照片取自2011年王定吾主编的《母校的记忆》画册）

1930年代浙大工学院大门（照片取自2011年王定吾主编的《母校的记忆》画册）

浙江大学是浙江省的最高学府。我早就听说电机系在浙大是很有名气的。它的前身是1920年设立的浙江公立工业专门学校电气机械科。学校以培养造就"理想上完全工业人才"为办学目标[1]，依照美国工科学院的制度，所用课本都是英文原版教材，在教学安排上注重科技发展和最新成果的实际应用，如电信、电气铁路、感应电动机、电机设计和发电所设计等最新课程。我就是冲着这些，如愿以偿地去杭州报到了。

---

[1] 浙江公立工业专门学校校长许炳堃（1878—1965）要培养的"理想上完全工业人才"的标准是："有坚强之体魄，健全之道德，正确之知识，果毅之精神，敏活之动作，娴习之技能。"（浙江大学校史编写组《浙江大学简史》（第一、二卷），浙江大学出版社，1996，P22）

## 在西湖边"玩"了一年

1935年底,一二·九运动引发了浙江大学师生驱逐校长郭任远①的"驱郭"运动。在学生们提出的"要学者,不要党棍"的口号下,竺可桢被任命为浙江大学的校长。他的办学理念和教育思想深得师生们的欢迎。

1936年9月,我们民二十九级②新生报到,学校的生活环境和学习氛围让我们这些新生感觉特别轻松愉快,大家的学习劲头十足。

一年级的基础课不少,我对数学、物理尤其感兴趣,钱宝琮③老师的微积分教得特别好,他不仅教会我们复杂的数学理论,也告诉我们微分方程怎样来自于实际,它的解法有什么物理意义,所以我们都爱听他讲课。朱福炘④老师的物理课很有特色。国文老师、英文老师教得也不错,就是现在记不起他们的名字了。张其昀⑤老师的地理课还是记得的。二年级起

---

① 郭任远(1898—1970),广东汕头市人,心理学家。1923年获美国加州大学博士学位。回国后任上海复旦大学教授、副校长。1929年,任教浙江大学,并于1933—1936年,任浙江大学校长。1946—1970年定居香港。著有《郭任远心理学论丛》、《行为发展之动力形成论》等。

② 民二十九级为浙江大学民国二十九年(1940年)毕业的学生。

③ 钱宝琮(1892—1974),字琢如,浙江嘉兴人,数学教育家,科学史家,浙江大学数学系首任系主任。时任浙大数学系教授,负责工学院新生的基础数学教学和三、四年级的数学史选修课教学。

④ 朱福炘(1903—2003),江苏武进人,物理学家,物理教育家。时任浙江大学物理系讲师。

⑤ 张其昀(1901—1985),字晓峰,浙江鄞县人,地理学家,教育家。时任浙江大学史地系教授,兼系主任。

的电机专业课程是电机系主任王国松①老师和机械系钱钟韩②老师教的。钱教授刚从国外回来，是竺校长请来的。

节假日，我们或去西湖游玩，或去图书馆看书。说到图书馆，我们浙大学生可以去的图书馆共有三个：一个是浙江省立图书馆，另外两个是浙大工学院图书馆和文理学院图书馆。同学们最喜欢去的是省立图书馆，它离西湖不远，藏书丰富，杂志很多。我们去那里多半是翻阅杂志，吸收一点新知识，或者自己带上课本，利用图书馆明亮恬静的环境来诵读。可以说，我学得很轻松，是在西湖边"玩"了一年，至今十分留恋在杭州的那段愉快时光。

1985年5月，张直中再游杭州西湖

张直中与同学在浙大求是桥边的合影（左一张直中）

---

① 王国松（1902—1983），字劲夫，浙江温州人，1925年毕业于浙江公立工业专门学校（浙江大学工学院的前身），1930年去美国康奈尔大学留学，1933年获哲学博士学位。回国后，一直在浙江大学任教。时任浙大工学院电机系主任。

② 钱钟韩（1911—2002），江苏无锡人，工程热物理和自动化专家，物理教育家，中国科学院院士，南京工学院院长。时任浙江大学工学院机械系副教授。

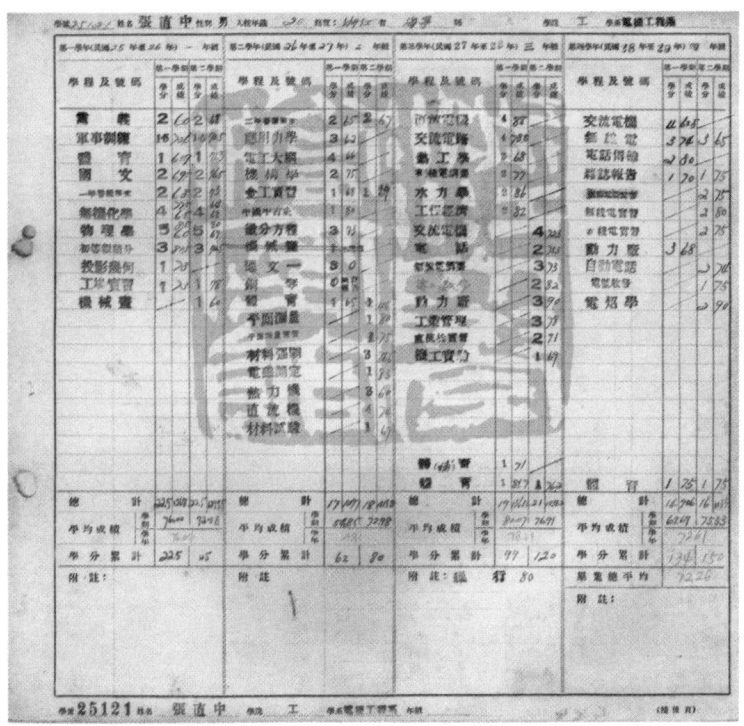

张直中浙江大学学籍卡

## 西迁颠簸

好景不长，1937年的"七七事变"，爆发了全面抗战，打破了浙大正常的教学秩序。8月13日，日寇重兵进攻上海，14日，日本飞机首次轰炸杭州，杭州岌岌可危，浙江大学被迫西迁内地。父母为此很担心，曾要我转学至上海的大学，但我不听劝阻，坚定地随校西迁。11月11日，在竺校长的率领下，全校开始西迁，浙大师生分三批出发。在杭州江干码头乘船，于15日全部到达建德。一个月后，学校又被迫撤离，目的地是江西的吉安。

此时有少数同学像刘奎斗、洪鲲、吉上宾、程民德等①没有继续随校西迁，而是自愿脱离学校，参加了抗日游击队。校方派校车将他们送回杭州。

刘奎斗、洪鲲和吉上宾三人 2000 年 5 月在杭州重逢
（洪一新摄，中刘奎斗，左洪鲲，右吉上宾）

---

① 刘奎斗、洪鲲、丁而昌、吉上宾、汤兰九、程羽翔、程民德、王家珍、黄宗麟、李健奎、虞承藻、陈家振共 12 位浙大学生怀着 "游击克敌" 之心，于 1937 年底应征入伍，参加了抗日游击队，并迅速赶往钱塘江畔，协助军队，炸毁钱塘江东岸义渡码头和通车不到 90 天的钱塘江大桥，阻断日寇机械化部队的快速西进。陈家振不久便离队返回浙大；丁而昌于 1938 年 7 月在浙江桐庐溺水身亡；洪鲲、汤兰九、程民德、王家珍、李健奎、黄宗麟、虞承藻于 1938 年秋在长沙离开游击队，到广西宜山复学；刘奎斗、吉上宾、程羽翔 1938 年离队后，在长沙又考入陆军机械化学校。毕业后，继续从军报国，参加湘北会战（1939 年）和广西昆仑关会战（1940 年），重创日寇，并于 1940 年秋重返浙大继续学业。刘奎斗 1942 年在贵州遵义毕业于浙江大学机械系，又于 1943 年初赴印度加入中国驻印远征军独立战车部队。1944 年 3 月，刘奎斗参加缅甸瓦鲁班之役，攻入日军十八师团司令部，虏获该师团印章。刘奎斗将盖有印模的简报寄回浙江大学。竺可桢校长特别将印模张贴在学校布告栏，以鼓浙大师生的抗日士气。（参见《国立浙江大学》（上、下），台湾，国立浙江大学校友会，1985 年版）

12月26日，金华遭到日军三架轰炸机狂轰滥炸，我们身经其险，幸好安然无恙。浙赣铁路因为军运任务紧张，客货车都停开了，但难民如潮，都拥挤在车站。我们好不容易挤上一列西行的没有车顶的铁皮火车。车子开得特别慢，那是一个冰雪天，大家挤在车子里面，等于是我睡在你身上，你睡在他身上。当时流传有一个笑话：我们有一个同学，第二天早上醒来，觉得脚很痒，就去搔，一搔，另外一个同学大叫起来，原来搔的不是他自己的脚，而是另外一个同学的脚。

车子开到江西境内的一个千分之七的陡坡，怎么也爬不上，停了，要求大家下去推，师生们一起下车推，怎么也推不动。结果，还是战区司令白崇禧临时又调来一辆车头，前拉后推，才使我们的车子通过了这个山坡。

1937年12月浙大师生在浙赣线火车前的合影（左4张直中）

## 宜山遇险

1938年10月,学校迁至广西宜山。师生痛恨日军侵略,校内抗日气氛浓重,到各地向群众宣讲抗日,义卖物品集资给抗日战士,组织歌咏队宣传抗日,等等。我也积极参与,将自己随身携带的衣物义卖过好几次。为此,日军痛恨浙大,一直想伺机报复。1939年2月5日,日军派出18架飞机轰炸浙江大学。当时我正在茅草棚教室内温习功课,忽然听见飞机声,知道日本轰炸机来了。因为我在上海时目睹过日机的狂轰滥炸,有了经验,便立刻跑出教室仰卧在操场上,看着飞机在我头顶上盘旋,耳听得炸弹排空而下的"嘘嘘"声,刹那间离我右边约40米处一排地面的泥土冲天而起,我当时紧紧趴在地上,泥土都扑到身上。那时我心想,要么被炸死,千万不要被炸残,缺个胳膊少个腿的,成为累赘。结果万幸,我还是活下来了。我与同学们一起清理校舍,清点统计出日机投下的一百多枚炸弹①。看着学

宜山标营浙大校舍被炸照片,竺可桢校长拍摄题照

---

① 共计118枚,内分"燃烧弹"和"爆裂弹"两种。洪鲲:《宜山浙江大学被炸结果的检讨》,《教与学》月刊第四卷第二期,1939,P37。

1939年11月,浙大民二十九级全体同学在宜山合影(前排左11张直中)

校仅有的两座宿舍楼被炸毁了一座,我心里非常愤怒,更增强了为抗日而发愤读书的决心。

宜山旧称"蛮烟瘴雨"之乡,属于亚热带气候,这里温暖多雨。多雨的环境极易滋生蚊子,而蚊子则是传播疟疾的祸首,真是宜山宜水不宜人啊。由于抗战,宜山的人口增加了许多,疟疾就迅速传播开来。浙大师生有近200人患病,其中不少是恶性的,还有同学病逝了。那时治疗恶性疟疾的特效药只有进口的Atabrine,中文翻译为阿坦布雷,或为疟疾平,奎宁只能治疗一般的疟疾。浙大离开杭州时所带的药物早已用完,离宜山最近的柳州和桂林却买不到这些药物。这让师生们惶恐不安。我也不幸染上了,而且是恶性的,每天高烧39摄氏度多不退。父亲得知后,快速从上海寄来阿坦布雷,使我又逃过了一劫。

## 遵义半年

在浙大西迁辗转跋涉的求学途中,遭遇了日本侵略者肆意轰炸,更激发了我以知识做武器"转移国运",赶走日本侵略者的斗志。我们电机系有电力和电信两个专业,两个专业的学生一至三年级读的是相同课程,四年级的课程才分开,我选择了电信专业。电信专业比电力专业学的必修课程和选修课程要多得多。之所以选定电信,是我决定将国防事业作为己任,准备用自己所学的科学知识,投身无线电行业,为国效力。

除了钻研电信专业课程外,我的课余时间还是用来读书,每晚都在油灯下度过。就在那时候,我把父亲邮寄来的一部《三国演义》读得烂熟。有时我也参与时事讨论。记得在遵义时,学生会在校本部何家巷办了《生

1940年,王国松(左四)率电机系学生赴遵义杏花林郊游(左1张直中)

活壁报》。这个壁报名义上作为同学之间生活中调剂余缺的平台,实为同学们讨论时事、校务的民主论坛。壁报形式十分特别,编辑员由同学担任,不需要抄写,每一位同学都可以是作者和读者。只要同学觉得有一事要说,无论小至个人生活,大至天下大事,都可写稿投进稿箱,另用纸条著上作者的年级、姓名、住址,加盖私章后,便可以笔名发表。我经常去看,也投过稿。记得我写过一篇批评苏联侵占芬兰的时事评论文章。当时,苏联抢占了芬兰的一些地方,我认为它的行为是侵略。文章张贴以后,引来了众多议论,很多人认为苏联是对的。我们正、反两方有了几个"回合",互不相让,争论没有结果。最后只能以学生会主席孙翁孺[1]出面调解,说每个人都能有自己的意见,不要再争论,就完事了。

---

[1] 孙翁孺(1916—2003),浙江宁波人,1940年毕业于浙江大学化工系,1945年赴美深造,获匹兹堡大学硕士学位。曾任马鞍山钢铁设计总院总工程师。

我与学生会主席孙翁孺后来是一直保持联系的。记得1990年初，翁孺与我和钱汝泰联名发起为纪念1940、1941两届校友毕业50周年的返校欢聚活动。1990年10月17日，全国各地校友41人赶到杭州，连同在杭州的两届校友一共78人。大家推举翁孺为总指挥。在杭州，他还有当年学生会主席的风采，我们的欢聚活动在他的领导下非常成功。经过友好协商，他还成功地与母校达成协议，开了浙大毕业的每届校友50周年依次返校庆祝联欢的先河，为校史增添了新的一页。

孙翁孺生病后，我去马鞍山看望他三次，第一次是我和老伴、钱汝泰和老伴，一共四人结伴去医院看望他，当时他已做过二次化疗，但精神很好。第二次是台湾的校友虞德麟来南京，我陪他去马鞍山翁孺家里。虞德麟每年回大陆一两次，春天要到无锡扫父母墓。2002年春天，他又来南京。我又一次陪他去马鞍山看翁孺。那时翁孺原已因化疗掉光了头发，又长出不少。约在当年5月，我又打过一次电话问候他，他说很好。后来因我老伴生病的缘故，再未通信。第二年，翁孺去世了。

## 校长竺可桢

我是1936年夏和竺可桢校长一起进浙大的[①]，当时我是浙大的新学生，他是浙大的新校长。竺校长上任后，开始亲自招收学生。当年浙江大学与中央大学、武汉大学三校联合招生，颇受全国注意。校长对我们这些他参与招收的民二十九级新生感情特别深厚。1937年，抗战爆发，校长

---

① 竺可桢就任浙大校长时间为1936年4月。

与我们师生生死与共，齐赴国难，辗转播迁，杭州—建德—吉安—泰和—宜山，最后迁至遵义。浙大的"求是"校训就是竺校长在宜山时提出来的。

1940年8月16日上午，浙大在遵义为我们民二十九级117位毕业生举行了隆重的毕业典礼。记得竺校长致辞时说，荀子说过："君子耻不能，不耻不见用。"校长希望我们要当大任，立大业，尽自己最大的努力贡献于国家和人民。中国的前途，在于自力更生，依赖旁人，总不如依靠自己。他要求我们

竺可桢校长签发的张直中浙江大学毕业证书

肩负起抗战建国的使命，耐劳苦，忠职守，循次顺序，不急不恼，自奋自勉。竺校长的讲话让我们深受鼓舞。当天晚上，竺校长还在遵义播声电影院为我们举办临别联欢大会。我们全体毕业生赠送竺校长手杖一根，照片簿一本，内有我们每位毕业生的照片。竺校长又以明代人所制杖之对联作为临别赠言①。

竺校长对我们这些学生的关爱是难于忘怀的。我珍藏了竺校长赠送的

---

① 竺可桢的赠言是："危而不持，颠而不扶，是将焉用彼相哉；用之则行，舍之则藏，惟我与尔有是夫。"竺可桢在当日日记中解释曰："用行舍藏，如诸葛武侯之最初'苟全性命于乱世，不求闻达于诸侯'，而结果则'鞠躬尽瘁，死而后已'。危持颠扶，乃人人之责也。"《竺可桢全集》，第7卷，2005，P417。

竺可桢签赠张直中的照片　　　　　　　张直中致《竺可桢全集》编委戚叔纬的亲笔信

他与新婚夫人的合影照片，上面竺校长亲笔写有"直中同学惠存"。2001年，我从《求是》通讯①第25期末页看到一则有关因编纂《竺可桢全集》而征求竺可桢文物、文选的启事。我找出那张跟随我60余年的老照片，写信给戚叔纬校友，将照片捐赠给了北京的《竺可桢全集》编辑委员会。

---

① 《求是》通讯为浙江大学老校友联合级刊，由浙大校友周敏先、刘昌汉、沈自敏等人于1987年创刊。第17期由钱汝泰、孙翁孺、梁绶生、卞妙、张直中等校友于1994年编辑，张直中发表短文多篇。

2010年3月7日，张直中出席江苏浙大校友会纪念竺可桢校长诞辰120周年大会（前排左校友施雅风，前排中张直中）

## 恩师王国松

我1936年考进浙江大学电机系，王国松先生是电机系系主任。1937年全面抗日，浙大一路西迁，最后迁定贵州遵义。王先生与全校师生共患难，同行止。当时我家在上海，我随校内迁后，成了流亡学生，经济来源断绝。国松先生的夫人王师母其时也在上海，她与我母亲曾是杭州的女子师范校友，虽不同级，但互相认识。因此父亲和王先生商定，父亲在上海给王师母钱，国松先生在校给我钱，以此种方式互相划转，免除了我在流亡中的饥饿。父亲听说日本人轰炸宜山浙大校舍消息，又与我联系不上，焦急万分。后来还是通过王师母传递信息,得知我平安无事,父亲才放下心来。

我聆听王先生教课,深感他的勤奋博学,治学严谨。三年级时,王先生教我们两门课程,一门是直流电机。王先生讲这门课程重点突出,概念清晰,使我们对直流电机的工作原理和工程实践有一个清晰的概念。他的另一门课程是算子运算法,用这种运算法对有些算题可更快捷地得到结果。

王先生非常重视我们习题作业和考试作答的计算过程。他认为,如果只是计算结果数字正确,但在计算过程中向前或向后错点了一个小数点,所得分数将大打折扣。王先生解释说:如果工程设计中错一位小数点,按

1956年,张直中与王国松在北京合影(左张直中,右王国松)

此数据建造的工程必将报废,将给国家带来莫大的损失。

1940年,我大学毕业,王先生特别推荐我去重庆电信机械修造厂工作,并将我介绍给他在浙江公立工业专门学校的老同学张启华①,引导我走上了献身国防的道路。

1956年3月,我去北京参加国家十二年国家科学技术发展远景规划,又见到王国松先生。王先生是参与制订电力工业发展规划,我参加的是电信组,实际我只局限于今后雷达的发展规划。当时能见到王先生,心里非常高兴,师生俩还特别合影留念。

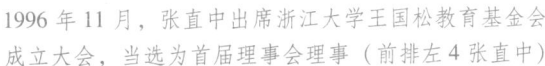

1996年11月,张直中出席浙江大学王国松教育基金会成立大会,当选为首届理事会理事(前排左4张直中)

---

① 张启华(1902—?),浙江温岭人,浙江公立工业专门学校电机科毕业,美国哈佛大学研究院电信系研究生,黄埔军校无线电机教官,联勤总部通信署技术委员会少将主任。时任重庆电信机械修造厂厂长。

1957年"反右"运动，时任浙大副校长的王国松先生与浙江省一位副省长一起直言，反对大学的理工科分家，使得浙大变成了一个工科大学。结果，两人都被打成右派。由于我的工作关系，与他的往来被迫中断，但心里一直记挂着恩师。若干年后，先生虽得以摘帽，但从此不再负责行政工作，单纯做电机系教授。由于先生非常重视理论和实践的结合，差不多每年都要带领高年级学生去浙江省各地电厂实习并提出建设性建议。为了感谢王先生对各地电厂的贡献，在王先生仙逝后，以浙江省电业局和各地电厂为主，集资成立了浙大王国松教育基金会，大概有十几万元钱。我被聘为王先生基金会的理事，去浙大参加了多次教育基金理事会会议。2002年3月，我去杭州参加了浙江大学王国松诞辰100周年纪念大会，在会上讲述了受教于先生的一些亲历往事。他是我的恩师，我非常怀念他！

　　旅英两年，我学到了不少新技术。当时，有一些像我这样出来进修的中国人没有回国工作，在当地找到了不错的职位。但我认为我是中国人，国家培养了我，现在，抗战胜利了，国家一定需要大量的科技和工业建设人才。我学了雷达技术，应该在祖国发展雷达事业。1947年初，我决定尽快回国。

# 第4章

# 访问学者

## 重庆电信机械修造厂

1940年，我从浙江大学电机系电信专业毕业，获得了工程学学士学位。同时毕业的电机系同学有17名①。我们这些流亡学生自己寻找工作是极为困难的。在举目无亲的情况下，恩师王国松先生主动介绍我去了重庆化龙桥的重庆电信机械修造厂。这个工厂归属于国民政府国防部后勤部，厂长张启华先生是王国松老师在浙江公立工业专门学校（浙大工学院的前身）的同学。工厂技术室主任毛燕誉②先生也是浙大毕业生，我在毛先生手下担任技佐。毛先生后来在上海工作，据说"文革"时打开家用煤气自杀了。

---

① 他们是：葛果行、吴祖光、汤兰九、叶自仪、冯绍昌、汪达、张煋、洪鲲、朱传钧、孙新传、王家珍、方重寿、王兴蔚、朱希侃、何杲、姜尔寿、吴守一。

② 毛燕誉（1913—1967?），浙江奉化人，浙江大学电机系毕业，美国哈佛大学电信工程硕士。1939年10月之前，任教于浙江大学。时任重庆电信机械修造厂技术研究室主任。

那时在重庆工作的浙大民二十九级同学比较多，总共有40余人。大家每隔两三个月就会聚餐一次。1942年9月6日，第四次聚餐就在我们电信修造厂举行，由我和吴守一、汪达三人主持。我在两个星期前就将聚餐通知以挂号信发出。巧得很，那天前来聚餐的同学正好是29位，与我们的级名巧合。我们电机系的同学孙新传、洪鲲和朱传钧也来了。汪达作为"卫生博士"亲自下厨，指导调味，计有

1940年代初，张直中在重庆嘉陵江边

红烧肘子、清蒸鸡、糖醋排骨、素什锦、炒猪肝……甜品有油煎饼、八宝饭、莲子羹，饭点有馒头、大饼、鸡汤煨面。大家从中午十二点吃到下午二点，一个个吃得是赞不绝口。聚餐完后，又围坐一起，谈彼此近况，交

张直中在重庆电信机械修造厂调试设备　　张直中在重庆电信机械修造厂办公室

流校友信息。

## 重庆电信机械修造厂

1929年10月，国民政府军政部在南京的三十四标筹建"电信机械修造厂"①，于1935年开始设计发电机，代替汽油机，以供给军用。1937年1月，成立第一至第四电机移动修理所，以修理前方战区的电信机械。抗日战争期间，工厂先迁长沙，租借南门外民房暂作厂房。1938年1月和8月，工厂奉命增设第五和第六电机移动修理所。1938年6月，工厂再迁重庆西郊的化龙桥，开始自建厂房十余幢，且更名为重庆电信机械修造厂，到1942年，共设有电机移动修理所11个。该厂后改属联勤总司令部管辖，主要生产5～500 W无线电收发报机，15 W报话两用机，小型超短波无线电报话两用机和干电池。

那时中国在技术上一穷二白，连较像样的家庭收音机也不能生产，电子工业微乎其微，当然更谈不上设备非常复杂、技术水平要求很高的雷达了。我去的那家工厂只搞一些无线电收发报机的维修和组装，电子元器件大部分从国外进口。尽管如此，我们的工厂也为当时的部队提供了一些通信用的收发报机，为抗战作出了贡献。记得我在厂里研制过一种电子管报话机，当时算是比较先进的，通话距离达到16公里，远一点就不行了，两个电子管都是进口的。以前的收发报机是很简单的，没有电子管的。后来我又设计了通信用手摇发电机。我比较勤奋努力，工作中表现出来的才

---

① 《军政部电信机械修造厂沿革概略》、《军政部电信机械修造厂大事记》。重庆：重庆档案馆档案，案卷号0204－2－140。

能受到大家的赏识，不久提升为技士。不到四年时间，我被国民政府选派为访问学者赴英国进修，学习超高频技术和雷达技术。

## 乘水上飞机赴英

我与上海圣约翰大学毕业生黄松，还有一位陈祖商，我现在记不起他是哪所大学毕业的了，我们三人接受英国政府资助，作为访问学者，于1945年2月从重庆出发，坐飞机先到昆明，再转机飞越当时视为空中禁区的喜马拉雅山脉南麓，到达印度的加尔各答。该航线是否就是著名的驼峰航线，我不清楚。我们在加尔各答停留了四天，品尝了当地经济实惠的鲨鱼餐。

下面，我们三人乘坐了英国军方安排的英国海外航空公司（British Overseas Airways Corporation，BOAC）的小型飞机。飞机停靠在海边港口的水面上，所以俗称"水上飞机"。飞机不大，机舱内的沙发座位很舒服。我们曾在埃及地中海港口（记不得名字）停留，军方派车拉我们去开罗等地观光，游览金字塔，而后继续往北飞行，直到英国南部的海港，最后英方汽车将我们送到位于苏格兰中部的莱斯特城。

## 莱斯特大学

莱斯特市地理位置好，在英国正中的位置，工业以行业众多而闻名，有"千业城"之称。交通挺方便的，距伦敦市区有160公里。

莱斯特大学（Leicester University）成立于1921年，是英国著名的红砖大学之一。所谓红砖大学是用于区别于牛津和剑桥大学的叫法，一般泛指成立于1800年后至20世纪初期的名牌大学。大学以提供高质量的教学与研究课程而著名，具有极强的科研实力和很高的国际声望。1945年2月，我们三个来自中国的学者插班进入该大学，跟随一位教授学习超高频（Ultra High Frequency，UHF）技术将近一年时间。

我不住在校园内，每天要骑自行车去学校教室听课。一天，因赶时间，我骑车骑得太快，在穿越一条电车轨道时没有减速，角度又不对，车轮被卡在电车轨道中间，人则重重地摔进了路对面的杂货店里。人爬起来后，感觉左手不听使唤，原来是左臂骨完全断裂。好心的店员送我去当地医院进行接骨手术。由于当时正值英、美盟军在欧洲大陆与德军决战，好一点的外科医生都被派往欧洲大陆前线。我在当地手术接骨五次，每次都不成功。从X光片中看出两根骨头没有接到位。我很郁闷，觉得自己还很年轻，手绝对不能残疾，手臂也不能留下大疤痕而不好穿短袖衬衣。我是不怕手术的，对麻药也不敏感，因此，在我的强烈要求下，莱斯特医院将

张直中左手臂内携英国钢板，外留手术疤痕

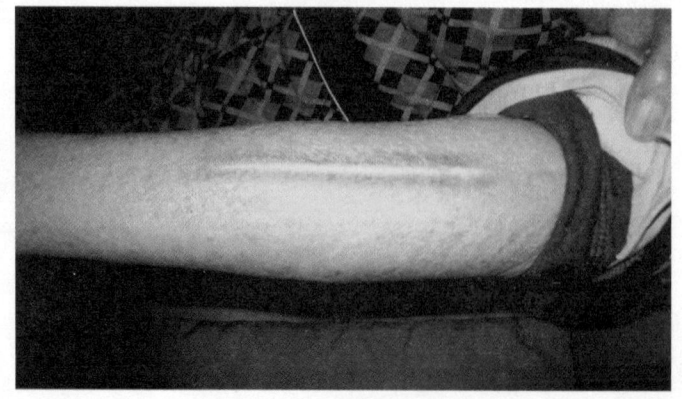

我送往伦敦，一位白头发的估计有 70 多岁的骨科大夫为我做了第六次接骨手术，他用了两块钢板 8 颗钢钉。手术非常成功。此后我左手活动就完全自如了。回国后，本想把钢板取出，没想到此时钢板和骨头已长在一起，无法分离，成了我身体的一部分。因为没有后遗症，我决定不再手术取钢板。现在唯一不方便的是，我不能像正常人一样，做诸如核磁共振等成像检查。

术后，我被送进了疗养院，我已想不起疗养院的名字和地点。在那里，我得到了很好的护理。为了不让我感觉寂寞，疗养院的护士每天都会给我通报时事新闻，主要是欧洲战事。一天早晨，一位小护士来到病房跟我说：Today is Thirteen Friday. Mr. Roosevelt is dead. 西方人不喜欢数字 13，如果是 13 日恰逢星期五，认为很不吉利，被称之"黑色星期五"。其实，美国总统罗斯福去世日是 1945 年 4 月 12 日，星期四。当然，小护士得到这一消息而告诉我的这一天应该是"黑色星期五"。

在莱斯特大学学习结束后，我的两位同学，因已结婚，需要与家人团聚，均先期回国了，而我仍为单身，很想在英国多学些先进科技知识，特别是雷达技术，就申请留下来了。

## 英国雷达

二战前夕，英国的雷达技术相对来说是比较先进的。英国在邻近法国的本土海岸线用七台雷达布设了一条能观测德国飞机动态的警戒雷达链，英文叫 Chain Home。雷达链能把德军空袭方向、批次和飞机数量及时上报给指挥部。1940 年，英国和德国空军在英伦上空上演了世界上规模最大的空战。希特勒集结了 2 500 多架轰炸机轰炸英国，而当时英国空军的全部作战飞机也不过1 300余架。德机刚从法国境内起飞,英国的雷达就发现了,英军战斗机和高射炮有备而动。轰炸机笨重,是打不过战斗机的,因此,占数量优势的德国轰炸机在与英国战斗机的空战中损失惨重,飞机损失比率为3∶1,人员损失比率为6∶2。英国是以少胜多,他们的预警雷达起了很大的作用。

雷达在二战中扮演了重要的角色。中国是二战同盟国,中国政府向英国提出学习雷达技术,英国政府同意了。我有幸来到了位于伦敦郊区伍尔维奇(Woolwich)的英国皇家机电工程学院(Royal Electrical and Mechanical Engineers College,R. E. M. E.)工厂基地,在这里参观、学习雷达技术,看到了当时英国在二战中使用过的三种雷达。一种是警戒雷达,德国飞机飞上英吉利海峡,这种警戒雷达就能发现。第二种是探照灯雷达,该雷达的作用是夜间帮助地面部队在空中上下搜索,而不暴露自身目标,一旦发现敌机,探照灯发亮,地面部队就能同时

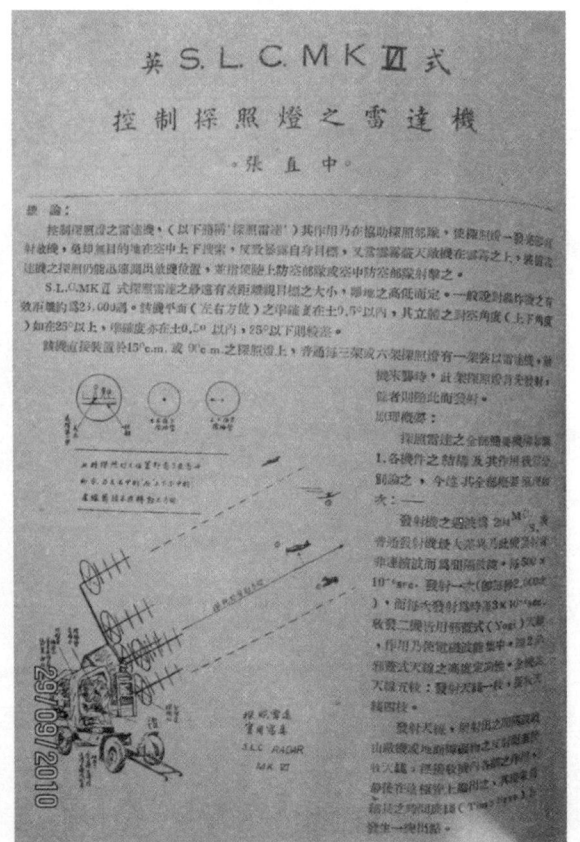

1948年,张直中在《联勤学术研究季刊》创刊号发表论文,介绍英国探照灯雷达

直射敌机。回国后，我于1948年为在南京的《联勤学术研究季刊》杂志创刊号撰文，介绍了S. L. C. MK Ⅵ式探照灯雷达。第三种是炮瞄雷达，没有什么用，因为频率太低了。我对前两种雷达的印象特别深。这三种雷达都是英国人设计制造的，我成为最早接触英国雷达技术的中国技术人员之一，实地的观摩使我大开眼界。

## 电子和电声公司

第二次世界大战结束后，英国出现了黑白电视机。1946年3月，我又来到位于伦敦郊区的英国电子和电声公司（Electrical Musical Industry, E. M. I.）无线电制造厂，学习收音机和黑白电视机制造技术，主要是电子管技术，有近一年时间。我考虑，抗战胜利后，祖国需要大规模的建设，虽然国内还没有雷达和电视机，将来一定会发展这方面技术的，多掌握一点会有用的。我在英国时，还写信给上海的亲友，设想回国兴办电视机厂，以自己的行动振兴祖国的民族工业。

在英国进修的几年里，我加入了浙大同学会，与在英念书和实习的浙大校友保持联系。1946年底，竺可桢校长在参加了巴黎联合国教

1946年冬，张直中在英国住所学习

科文组织（UNESCO）会议后，到英国访问，我们浙大同学会十三人[1]于 12 月 29 日在伦敦上海酒楼设宴，欢迎竺校长访问英国。竺校长向我们讲述了浙大迁校的情况和 UNESCO 会议的经过。

1946 年 7 月，浙大同学会在英国谢菲尔德聚会（左 5 张直中）

## 竺可桢日记

（1946 年）12 月 29 日　星期日　London

　　晨九点起。早餐后作函二通，即有刚复来寓，遂同至 Charing Cross 附近之 Greek St. 上海酒楼参加浙大同学会。到浙大同学十三人，与承绪大公子合刚复与余，十六人在伦敦。有浙大同学如此之多，为余始料所不及也。计到王承绪 C. S. Wang（民廿五年教育）、李纪和（C. H. Li，民三一年电机）、沈庆垓（C. K. Shen，民三一年电机）、霍少成（S. C. Huo，

---

[1] 王承绪、李纪和、沈庆垓、霍少成、钱万、胡济民、裘克安、程开甲、周方先、张直中、卜昴华、毛振琮、赵端瑛。

民三〇年机械)、钱万（W. Chien，民廿八年电机)、胡济民（T. H. Hu，民三一年物理)、裘克安（K' an Chiu，民三〇年外文)、程开甲（K. C. Cheng，民三〇年物理)、周方先（Sub. Lt. F. S. Chou，民三二年机械)、张直中（C. C. Chang，民二九年电机)、卜鼎华（M. H. Po，民二六年机械)、毛振琮（C. T. Mao，民三〇年电机)、赵端瑛即承绪太太（民廿五教育)。其中承绪、裘克安 Oriel College Oxford 与程开甲 Edinburgh 大学（Depart of Applied Math)、胡济民 University College London（Math)四人尚在大学念书外，余均在实习。李纪和在空军，周方先在海军 S. S. Marlborough 轮上，张直中在陆军。尚有浙大毕业生未到者，计有陈汝铨、喇华崑、李彼得、沈乃斌、陈鲤、袁广澍及余承华七人，合为廿人。膳后余述浙大迁校情形，并及 UNESCO 会议经过。刚复讲五十分钟。至五点回。

竺可桢日记手迹

## 同班同学张煟

还有一位我的同班同学张煟①当时也在英国，在英国空军学习雷达技术，但他与我们同学会没有联系，所以，我们当时不知道他也在英国。

张煟学的专业也是电信，与我同年毕业。毕业后，他携笔从戎，投效空军，1943年出任空军雷达测向台台长，1944年调任空军通信学校教官。抗战胜利后，奉派赴英国皇家空军无线电研究所进修雷达工程，以第一名成绩结业，回国后任空军通信学校电子训练中心主任，大量培训雷达技术人员。1953年，张煟在台湾担任空军总部电子处处长，主持台湾空军电子通信后勤业务，台湾的防空雷达网就是他搞的。他还在台湾大学教过书。退休后，他定居美国加利福尼亚，开始与我有信件往来，我们互寄贺年卡。我将我们编辑的浙大1940、1941届级友通讯录寄给他，他回我一封长信。因我俩同为浙大电机系电信专业毕业生，且一生从事雷达研究，只是一个在大陆，一个在台湾，孙翁孺戏

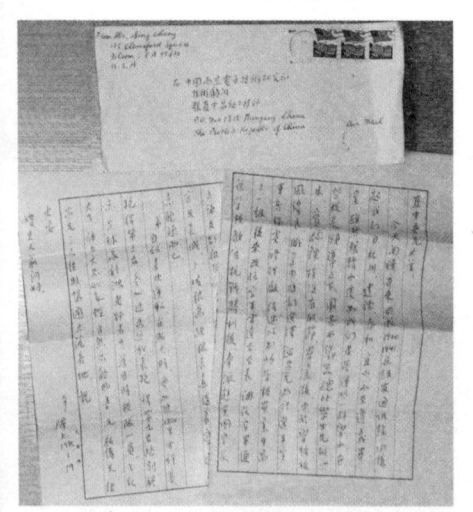

张煟1995年写给张直中的亲笔回信

---

① 张煟（1917—），浙江绍兴人，电机工程专家。1940年毕业于浙大电机系电信专业。1963年受聘于台湾大学电机系专任教授。1967年应美国国务院之聘，任美国布鲁克林工艺大学客座教授一年。在台湾和国际刊物发表专著、论文60余篇，两次获台湾"工程师学会"论文奖，1973年又获"中山学术著作奖"。

称我俩是一对"雷达大王"①。

## 欧洲大陆游

旅英两年,我学到了不少新技术。当时,有一些像我这样出来进修的中国人没有回国工作,在当地找到了不错的职位。但我认为我是中国人,国家培养了我,现在,抗战胜利了,国家一定需要大量的科技和工业建设人才。我学了雷达技术,应该在祖国发展雷达事业。1947年初,我决定尽快回国。

回国心情迫切,但回程客轮船票难求。无奈,只能耐心排队等待。当得知半年后才有铺位时,我决定先去欧洲大陆旅游一下。我加入了一个国际友谊旅游团去了法国、瑞士和意大利。在法国,我们沿着"拿破仑之路"(Route Napoléon)游走;在瑞士,我们上阿尔卑斯山,下日内瓦湖。当时我年轻,胆子不小,常做些危险的事。在阿尔卑斯山上,竟敢站在一块浮雪上拍照。

张直中站在阿尔卑斯山浮雪上（前张直中）

最后我来到意大利。我在罗马欣赏古罗马及文艺复兴时的遗迹,还去了梵蒂冈的大教堂,并在那里找到了父亲在法律界的好朋友和东吴大学的

---

① 孙翁孺:《记张直中学长》,《求是》通讯,第18期,1995,P58。

老同事——吴经熊先生。吴伯伯当时是中国派驻梵蒂冈的官员,在教皇身边做事。见到吴伯伯,我就问他在梵蒂冈做些什么事,他告诉我正在从事圣经的中文翻译。他建议我去游览距离罗马200多公里远的庞贝古城。只是当时我没有同伴,没有去成。现在想想很是可惜的。

1947年张直中在法国游览

1949年11月30日,重庆解放。我与新婚不久的妻子一起走上街头,从化龙桥一直走到重庆市中心,看看解放军到底长得什么样,穿什么服装,并期待着解放军早一点去接管我们的工厂。

# 第5章 回国报效

## 回国

旅游结束后，我回到伦敦，等待上船。我乘坐的邮轮船名叫 Express of Scotland，是 3 万吨级的。船上设备先进，豪华，有吃，有玩，还装有雷达，可确保航行的安全，不会出现泰坦尼克号（Titanic）那样撞上冰山的事故。船先航行于大西洋和地中海，穿过苏伊士运河，经红海亚丁湾，进入印度洋，最后通过马六甲，抵达新加坡后上岸。

船上我结识了几位中国朋友，他们带我去看望他们在新加坡的老师。在新加坡，我们品尝了广式烤乳猪，那个色香味俱佳，比北京烤鸭还要好吃。那是我一生中唯一吃过的脆皮烤小猪，因此记忆特别深。几

1947 年 10 月，
张直中摄于伦敦

天后，我和那几位朋友又登上了一艘3 000吨级的客轮回上海。我们在南海遭遇了大风浪，由于船小，人很不舒服，不时地呕吐。因此，我找船长要求更换高等级的卧舱。那位英国船长趁机敲竹杠，把船上的医务室安排给我们，要我们出头等舱的价钱。没有办法，因为实在吃不消大风浪，只能与他成交，亏得我口袋里还有几个英镑可以应付。

张直中在邮轮 Express of Scotland 前留影

## 兼职教授

我于1947年底回到上海，心情尤为激动。在与家人短暂团聚后，我就匆匆回到重庆电信机械修造厂。只是当时内战打得正旺，国民政府全无振兴工业和发展先进技术的迹象，这让我大失所望。无聊之余，一位在重庆国际电台工作的朋友介绍我去小龙坎的重庆大学工学院①兼任电机工程系副教授。因为我了解到重庆大学工学院及院长冯简②先生的名气，便马

---

① 1935年10月，重庆大学始建工学院，下设土木系、采冶系、电机系和化工系，是当年重庆大学学生人数最多的一个学院。

② 冯简（1896—1962），字君策，江苏嘉定（今上海嘉定区）人，中国无线电泰斗。1938—1949年任重庆大学教授、电机系主任、工学院院长。1947年赴北极，对北极的高空电离层、北极光和地磁对无线电的影响问题做了观测和研究，是我国第一位赴北极考察的科学家。

重庆大学校园的冯简塑像

上答应,去电机系开设了"无线电原理"和"无线电测量"两门课程。冯简后来到台湾当了广播电台台长,因为较有名气,蒋介石到台湾,一定要他跟去。

在重庆大学,每周上课两次。我一早自己驾驶工厂的美式"吉普"车从化龙桥到小龙坎,有5公里的路程。上午我在重庆大学办公室备课,下午去教室授课。听课学生有几十位。因无现成教材,我自编讲义,用英文讲授,用英文板书,还给学生介绍英国电气方面的最新技术。根据校方教学要求,学期中间安排小测验,期末有大考。考试题目都由我出。能将自己所学的知识传授给学生,以这样的形式报效国家,心里感到比较欣慰。这样的教学接近两年时间。

## 留在大陆

1949年10月6日,经过浙大同学孙新传介绍,我与重庆女子师范学校1945届毕业生娄世英在重庆结婚,我那年32岁。

电信厂的主管部门、国民党通讯署的黄家桢署长比较重视我。1949年11月重庆解放前几天,他突然把我叫到他的办公室,夸奖我技术高超,要我跟他一起去成都,再飞台湾。我因眼见国民党置人民于水火而不顾,政府的腐败我也看得比较清楚。当时用的金圆券天天贬值,今天买这个东西要 10 块金圆券，明天就要 20 块金圆券了，贬值非常厉害。当时只有银元还是值钱的。有两个"大头"，一个是"袁大头"，另一种，我现在叫不出了。我在电信厂和重庆大学两个地方都拿银元，生活是蛮舒服的。我对共产党虽一无所知，但注意到解放军已大兵压境，重庆人民都在期盼着早日解放。同

1949 年张直中娄世英新婚照

时，我觉得共产党能以小克大，战胜国民党，且深得民心，肯定有其优点。共产党要建设新中国，肯定需要发展科学技术，需要专业人才，我一定可以为新中国的建设和发展尽上一份力量。我决定留在电信厂，谢绝了黄署长的邀请，没有跟随他去台湾。

张启华厂长和大多数技术人员、工人也都不愿去台湾。虽然厂里的不少机器设备已经装箱，但就是不往台湾运，大家都期盼解放军的早点到来。

1949 年 11 月 30 日，重庆解放。我与新婚不久的妻子一起走上街头，从化龙桥一直走到重庆市中心，看看解放军到底长得什么样，穿什么服装，并期待着解放军早一点去接管我们的工厂。3 天后，电信厂就来了解放军。12 月 8 日，重庆市军事管制委员会正式接收国民政府联合勤务总部电信机械修造厂，正、副军代表金鑫和史铁夫找我了解工厂情况，要求我继续担任工程师，并让我兼任工务组长，希望我安心工厂的工程师工作。重庆大学那头，我就不再去了。

军代表金鑫安排我清点工厂仓库物品，以便利用库存元器件生产前线急需的通信装备器材。我在库房里发现了 10 个喇叭，就将它们改制成 10

部扩音喊话机，提供给进军西藏的部队使用。我又赶制了一批适用于战地通信的手摇发电机。

## 调往南京

由于中央军委急需雷达人才，得知我在英国接触过雷达，1950年10月，北京方面决定调我前往军委通信部南京雷达研究所工作。重庆电信机械修造厂接到北京密令，立刻通知了我。我看了调令，非常兴奋，觉得机会终于等到了。年底，我就带着妻子和刚出生的女儿张雪珍，离开重庆，坐上客轮，沿着长江东下。客轮挤得不得了，都是人和行李，一打听，知道是四川青年刚刚参加了志愿军。船途经武汉时，那些年轻小伙子大多数都下了船，他们将参加训练，然后奔赴朝鲜战场。

---

**南京雷达研究所**

1946年11月，国民政府国防部第六厅建立"特种电讯器材修理所"，分为台区所（台北）和京区所（南京）两处，主要任务是接收和修理日本在二战期间遗留在中国的雷达。1947年10月，台区所撤销，并入京区所，并将在台湾的日本雷达运到南京。1948年11月，"特种电讯器材修理所"改编为"雷达研究所"，葛正权[①]被任为所长，叶彦

---

[①] 葛正权（1896—1988），字秉衡，别号葛螽，浙江东阳人。1922年毕业于南京高等师范学校工科，美国柏克莱加州大学研究院物理学博士。1948年，任国防部第六厅第一处处长、雷达研究所所长。1949年5月，葛正权拒绝将雷达研究所迁往台湾，把全部雷达设备完整地保留下来，迎接中华人民共和国成立。1950年，他因病辞去雷达研究所所长职务，病愈后应聘为上海第二军医大学教授兼数理教研室主任，直至1988年逝世。著有《原子物理学》和《医用物理学》等著作。

世为副所长,共有官兵、工人152人。1948年底,雷达研究所接到南迁的指令。葛正权在南京和杭州的中共地下党组织的影响下,没有将研究所迁往台湾。雷达研究所于1949年10月5日迁回南京,成了我国雷达工业的摇篮,使新中国的雷达事业得以迅速发展。已有六十多年历史的雷达研究所几经更名,现为中国电子科技集团公司第十四研究所,仍是中国最大的雷达研制基地,中国电子系统工程领域中的大型综合性高科技研发基地。

1951年1月6日,我来到南京。不过此时的雷达研究所已更名第一电信技术研究所。人员还不满200人。时为所里技术负责人的葛兴将我引见给军代表申仲义①。申代表当时正患重感冒,用军大衣蒙着头睡在卧室的木板床上。他一见我,立刻翻身一跃而起,病态全无。申代表立刻向我介绍了所内情况和工作,说雷达研究所其实只是保管了几部日本和美国遗留下来的破旧雷达,并没有生产雷达。当时整个研究所充满着迅速研制国产雷达的迫切心情,这与我的志愿不谋而合。不久,申仲义被任命为第一电信技术研究所所长,我为该所的工程师。

葛正权晚年像

---

① 申仲义(1922—1988),直隶宛平(今属北京)人,自学成才的雷达技术专家。1937年参加八路军。1939年加入中国共产党。新中国成立后,历任南京第一电信技术研究所(即后来的十四所)所长、国防部第十研究院院长、第四机械工业部副部长等职,第三、四届全国人大代表。中国电子学会雷达分会为表彰申仲义在中国雷达事业发展中的卓越贡献,于1991年决定设立"申仲义奖"。

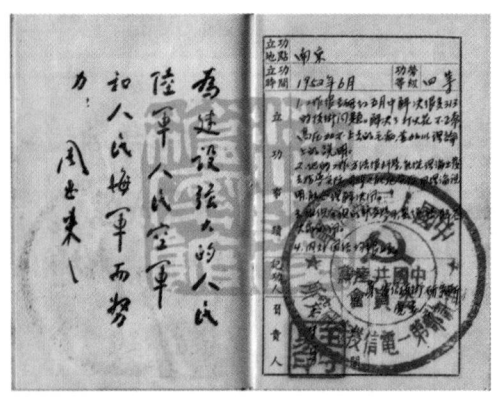

1952年，张直中荣立四等功

我到所后的第一件事是主持整修各种型号的日、美雷达100多部，以便尽快运往东北，部署在鸭绿江边，用于志愿军抗美援朝。日本产雷达的性能比美国的差多了。举个例，美国产雷达的轴芯是钢的，可以转，日本产雷达也能转，但是木头芯。那时我们研究所的技术人员和工人在"一切为了抗美援朝的胜利"的口号下，夜以继日地奋战在车间、实验室和整架场，器材不够，就想方设法把废旧机器上的元器件拆下来用上去。1952年上半年，研究所接到了一个月内要完成四部101警戒雷达①的任务，我们争分夺秒，成功攻克了发射机不稳定的技术难关，不到一个月时间，四部101雷达及时运到朝鲜前线，有力地保障了志愿军的防空作战。还有一个妙不可言的结果是，在朝鲜的美军虽有雷达干扰设备，但不能干扰我们整修好的美式雷达，因为美军当时使用的是相同频率，可能属同类型雷达，因此，美军如果要想干扰志愿军的雷达，美军自己的雷达也同样受到干扰。由于在雷达整修工作中解决了若干技术关键问题，1952年我荣立了四等功。

---

① 101雷达是参照SCR-270体制，用日本的接收机、发射机和显示器拼装组成的，天线是仿照SCR-270自制的，因为这种雷达具有中国特点，所以叫101型，即第一部中国式雷达。

中国的雷达技术从1950年代初才开始发展,经历了从装配修理、仿制改进到自行研制逐步发展的过程,我是整个中国雷达的发展历程的见证人和参与者。

# 第6章 中国雷达

## 中国首台雷达

雷达是英文 RADAR（Radio Detection And Ranging）的译音，意为"无线电检测和测距"。雷达的基本概念形成于 20 世纪初，但是直到第二次世界大战前后，雷达才得到迅速发展。我把雷达发展分为五个阶段：第一阶段是 1920 年代用于探测电离层高度，第二阶段是第二次世界大战前期对海、对空的警戒，第三阶段是第二次世界大战后期炮瞄和引导拦截飞机，第四阶段是 1950 年代对导弹、人造卫星的测量和制导，第五阶段是 1960 到 1970 年代对导弹和人造卫星的防御和识别。

雷达是发展火箭技术必不可少的装备，远程导弹的发射靶场需要装备精密测量雷达，降落段也需要用雷达来观测弹头再入大气层的情况，至于在战争中防御弹道导弹的袭击，更必须有高度自动化的雷达网。

雷达传入中国，是 1940 年代的事。抗日战争时期，由于我国工业基础薄弱，无论在国统区还是八路军、新四军管辖的区域，雷达都是一片空白，无论是前方战场还是后方城市及老百姓都备受日机残酷轰炸之苦，我们浙大也遭遇过日本飞机的空袭，损失不小。我们的空中情报差不多完全依赖地面观察站的望远镜目测和试听，用电话、"消息树"等落后方式进行传递。

中国的雷达技术从1950年代初才开始发展，经历了从装配修理、仿制改进到自行研制逐步发展的过程，我是整个中国雷达的发展历程的见证人和参与者。

## 《科学世界》的"雷达专号"

1948年10月，中华自然科学社编辑出版的杂志《科学世界》刊发了"雷达专号"，孟昭英、葛正权、徐璋本、蔡金涛、萨本栋、黄玉珩、马大猷、毕德显、鲍家善等学者撰文介绍了雷达技术及理论。徐璋本撰写卷首语，孟昭英在专号上发表《雷达通论》，介绍雷达的基本原理、微波的应用等专业知识，让读者阅读"专号"的其他各篇论文犹如按图索骥，非常省力。黄玉珩在"专号"上发表《雷达发射机》和《超短波之推进》两篇论文。《科学世界》编辑"雷达专号"的目的是为了将雷达知识介绍给国人，推动中国雷达技术的学术研究。

针对美国侵入我领空的高空侦察机和不断前来骚扰的国民党飞机，1953年，南京第一电信技术研究所成立设计室，我被任命为设计室主任，受命仿制苏式的防空警戒雷达。雷达包括五个基本组成部分：发射机、电源设备、接收机、发射和接收天线以及显示器。当时研究所里没有一张雷达图纸，只有一台缺少天线的苏式 Π-3 型样机。发射和接收天线是雷达的主要组成部分，也是设计难度最大的部分。在没有任何借鉴和参数的情况下，只能从零开始，自行设计。我领着十多名技术骨干和十多名新分配来的大学毕业生进行全机系统及天线馈线设计。大家凭借"管中窥豹"的思维模式，实施"反设计"。在测绘、分析、摸透雷达天线电路原理的基础上进行设计，光测绘的草图就画了不计其数，堆在一起都有半人高。就是这样不断地绘制，不断地试制，不断地改进，这一雷达研制中最大的难关最终被攻克了。

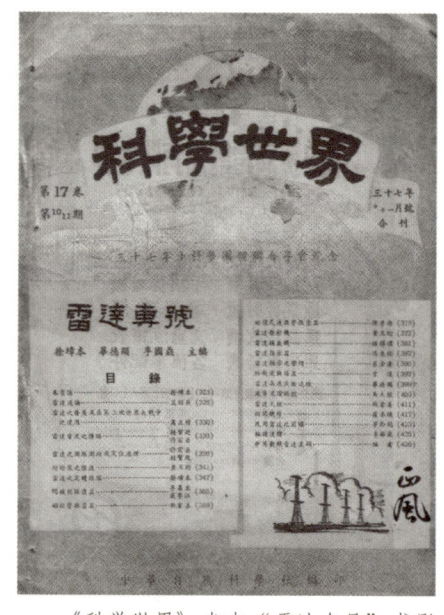

《科学世界》杂志"雷达专号"书影

当得知苏联在我国东北有一台防空警戒雷达之后，申仲义立即前去观摩。但是苏方严格保密，在雷达四周围了很大一圈铁丝网，不许中国人进入。申仲义所长只能在铁丝网外用望远镜观望，看见苏式雷达的天线是上下四排的八木天线①。

申仲义所长回所后，即向我们描述了他所见到的情况。我在英国学雷达时，就晓得了八木天线，这种天线生产起来比较方便，一般是用两排。经过仔细分析后，我觉得四排八木天线的确要比两排八木天线优越，因为它可使方位向分辨力更好，也可使作用距离更远。因此，我们立刻着手四

---

① 八木天线（Yagi antenna）：由一个有源振子（一般用折合振子）、一个无源反射器和若干个无源引向器平行排列而成的端射式天线。20世纪20年代，日本东北大学八木秀次和宇田太郎两人发明了此种天线，被称为"八木宇田天线"，简称"八木天线"。

排八木天线的实验,并加固了天线杆。要想仿制这样的天线,需要进行适当的调整,各振子的长度、各单元之间的距离,还有怎么匹配,等等,丝毫的差错都能影响到雷达的精度。

当时参加研制的工作人员在一年里,每天都保持着高负荷的工作量,都有一股盼望早日研制成功的劲在支撑着,终于不辱使命,仿制成功了第一部国产中程防空米波警戒雷达。研制成功后,好多人都病倒了。该雷达高2米,重达400多千克,具有80~100千米的飞机探测距离,比我当年在英国看到的雷达还要大。仿制成功的国产雷达马上投入批量生产,先后生产数百部,布设于全国各地。

## 参加十二年科学技术发展远景规划

1949年新中国成立后,中国在各方面都得到了较快的发展。为了使中国的民用和军用的科学技术能尽快接近国际先进水平,国务院召集全国各地的科学家编制十二年国家科技发展规划。1956年3月,我奉命来到北京,参加十二年发展规划电子科技发展组的编制工作,分工负责制订中国雷达科技发展规划。在北京的4个月时间,我们日夜参考各种有关雷达及相关元器件的国外杂志资料,并和来华协助搞规划的苏联专家商讨,至5月底,完成了全部规划方案。6月,周恩来总理在中南海怀仁堂举行鸡尾酒会,款待参加此次十二年规划制订的各行各业400余位科学家。酒会后,毛泽东主席、周总理、朱老总、邓小平等党和国家领导人亲切会见了大家,并与大家一起合影留念。

1956年12月,中央批准了这个十二年规划,但规划的执行是随着每

1956年6月，中央领导在中南海会见参与制订十二年国家科学技术发展远景规划科学家的合影（局部），张直中位于第五排左5。前排左起：赵忠尧，×××，陈垣，刘仙洲，周培源，严济慈（据中国科学院院史资料室照片截取）

年情况的变化而变化的。有一段时间，我们单位也派有苏联专家。他们与我们一起从事雷达研究。我对苏联专家印象最深的是他们非常守时，如上午九点半要开会，他们一定是九点半前到，很守时。后来，中国与苏联闹翻了，苏联专家就走了。

虽然十二年规划未能完全贯彻实施，但在此后的10年内，这个规划对中国各方面科技较快发展确实产生了重大影响，起到了明确方向的促进作用，最明显的例子是两弹一星的惊世之举。

## 新技术新体制设计

1956年,我升任研究所副总工程师,负责领导新技术的研究与开发。我觉得搞军用雷达研制必须以符合中国实际的新技术、新体制为主要目的,新产品设计必须为当时或不久的将来国防需要服务。由于当时国家的雷达技术与国际水平有很大的差距,但是又急需要先进雷达,因此,研究所必须做到一方面较快满足国家急需,另一方面立足逐步缩小差距。

申仲义所长认为研究所必须近处着手,远处着眼。近处着手可使研究所年年对国家作出贡献;远处着眼能使研究所永远保持活力而走在科技前列,为五年或八年后的着手研制奠定基础。他为研究所设计了"吃"、"看"、"想"的三部曲:搞自己的雷达产品应该是"吃一个、看一个、想一个"。"吃一个",指目前正在设计、即将投入加工生产的新品种;"看一个",是指两三年后可设计生产的新一代高性能的产品;"想一个",是指用五年,或七八年要付诸实现的、难度大,具有或接近国际水平而当时从理论和技术上尚没有掌握的,必须从预先研究一步步向上攀登的产品。

在1950年代中期,申所长定下十四所的主要任务是设计和生产警戒引导雷达。于是,我们"吃"了408远程警戒雷达、581低空警戒动目标显示雷达(后在分所时移交七二〇厂继续改进完成)、582低空测高雷达等。但二坐标加测高雷达无法对同时存在的多批目标进行引导,有必要研制1950年代国际上正大力研制的三坐标引导雷达。三坐标雷达比二坐标复杂得多,尤其是在多波束形成(或波束仰角扫描)及信号处理方面。经过方案论证及多次科技委员会的评定,最后根据当时的实际情况选定频扫三坐标体制,成为申所长"看"的项目之一。

申仲义所长亲自抓"吃一个",要求我关注"看一个",负责"想一个"。他的理由是我曾在1945—1947年间作为访问学者留英两年半,接触过英国雷达,见识广,英文水平高,阅读英美科技杂志及国际雷达领域会议学术文献较为透彻。

如何设计出"想一个"阶段的新品,我的思路与做法是:第一步,该雷达所对应的主要目标性能,例如目标截面积的大小、目标的速度、目标的高度等等。在20世纪50年代至60年代,国防雷达主要目标是敌方飞机,50年代以高空飞机为主。例如,美国的高空侦察机U-2,飞行高度在20 000米以上,地面高射炮击不到。60年代新型飞机向低空发展,由于地球曲率和地杂波影响,地面雷达的作用距离大大缩短。第二步,不停地关注国际上正在发展的雷达新技术和新体制,粗略估计这些新技术和新体制的优点和难度,如果某一新内容我们打算投入力量,则必先做进一步理论分析。第三步,根据国情,根据当时我们的主要敌对国、我国军方的需要以及我国的经济能力和技术贮备现状,选择我们在两年内需要研究的课题以及可能在3~5年内进行设计研制的新产品。第四步,自己的设想在实施前,先要与将要参与该工作的同事们详细说明并倾听他们的意见,若有分歧,实事求是地或做解释,或接受他们的意见,或再进一步分析后做出决定。

由于方法合理,我们的工作获得了较多成就,例如:为了解决警戒雷达在飞机进入地杂波时丢失目标,1957年,我主持了低空警戒雷达的方案论证。由于雷达的仰角波束打地,特别在雷达架高场合,100米以内会有很多地杂波,当飞机进入地杂波时就会丢失。我决意采取一种在我国尚属首次涉猎的动目标显示雷达体制,并提出了应先解决减少地杂波强度的两个科研课题：余割平方天线和固定目标对消。前者是使天线打地的能量尽可能少，减弱地杂波；后者是将余下的地杂波消除掉。根据我的设想，研究所和七二〇厂展开了技术攻关，终于攻克了抗地杂波干扰的挠头难题，成功地研制出我国第一部微波动目标显示雷达。

## "冒进"的后果

1958年，党中央提出"大跃进"，要求在较短时间内"超英赶美"。当时南京市委某领导曾到十四研究所参观考察，提出研究所的产品在5年内超英。

为了增强国力，我国计划发展导弹和卫星，建立洲际导弹的防御系统。1958年10月，中国科学院电子所提出要研制作用距离达10 000千米的导弹预警雷达。当时的第二机械工业部领导认为雷达研究是十四所的本行，要十四所立即派员去北京参加论证。申仲义所长命我带领两名助手去北京。我们3人经过三天夜以继日地翻阅资料，作出了初步分析：洲际导弹轨道的最高点离地高度为1 100千米，由于地球的曲率，雷达视线如果能从地平线视去，也不过4 800千米；况且雷达波束碰地时由于地面反射会不可避免地波束上翘，可以说，实际上肯定是不能超过4 000千米。但为了迎合"大跃进"，在会上，我们3人只能提出可达到4 800千米。经会上争论，最后二机部领导和中国科学院领导协商，采取折中方案，作用距离定为6 000千米。后来经两年时间的论证和计算表明，当时中国的技术离达到3 000千米的水平还相差甚远。不说中国，即使当时雷达技术水平最高的美国也未达到3 000千米。这足以说明没有科学依据拍脑袋的危害。

1960年5月，我又出席了在成都召开的导弹预警雷达研制会议，当时仍笼罩在"大跃进"气氛中。那次会议决定以十四研究所为主，联合中国科学院电子所、清华大学、北京工业学院（现北京理工大学）等单位，以大合作形式，在两年内设计出远程警戒雷达。① 会上将该雷达定名为110。于是，至7月底，在南京十四所集合了约1 000人，其中十四所约200人，由我任总设计师，中国科学院电子所一位主任和清华大学一位教授任副总设计师。三家联合研制小组讨论后认为要在两年时间将雷达研制出来确实很难，决定参考美国在1950年代初期研制的磨石山（Millstone）雷达作为样本。该雷达采用抛物面圆形天线，直径25米。磨石山雷达为了增远作用距离，采用固定载频的1 000微秒宽脉冲，用大功率速调管发射机。但通过计算得出该雷达作用距离大约在1 000~2 000千米。为了增大110雷达的作用距离，联合研制小组拟将抛物面天线直径加大至30米，并提高大功率速调管的发射功率，该速调管交由中国科学院电子所第一研究室研制。由于采用了1 000微秒的固定载频长脉冲，径向速度分辨率只有1 000赫兹，按当时我们采用的雷达工作载频计算，导弹不同飞行阶段的径向速度可能会有12 000赫兹的变化，因此必须研制梳状滤波器才能全部覆盖这些不同飞行阶段的不同径向速度。这一课题交给了当时来十四所的北京工业学院一位教授去完成。即使这些指标都能达到，计算表明雷达作用距离也只能在2 000千米以内。

由于必须在两年完成研制，为了赶时间，当时采用了很不科学的方

---

① 柯有安教授于2012年接受采访时回忆说："1960年，一批来自中科院和高校的人员集中到十四所，和十四所的技术人员一道从事超远程雷达技术的各项预先研究，包括大功率发射机、低噪声放大器和视频积累、梳齿滤波等信号处理的技术实现等的研究。张直中先生是主要的技术领导者之一。"

法，就是边研究、边设计、边生产的"三边"方法，且许多零部件的结构设计是由学校学生负责的。当时大学派来南京的教师和学生的比例是1∶10。到1960年底，已有少量设计图纸投产。

1960年仍是自然灾害年。这年冬天，来我们十四所的许多在校大学生由于营养不良出现浮肿病。到1960年底，清华大学、北京工业学院和其他来十四所的大学教师和学生均撤离回校。1961年1月，中科院电子所的研究人员也撤离回北京。至此，我及时向申仲义所长汇报情况，指出"三边"做法的问题和学生设计投产的图纸质量低下。所长深知内情，只是迫于上面的压力，也因为大合作缺少集中管理而一筹莫展。当得知各单位人员已经撤离，所长便立即下令停止加工，暂停了110雷达的设计。

640工程的预警系统，不仅应用于7010和110这两台超级雷达，而且也服务于其他的航天项目，比如说"远望号"科考测量船。十四所研制的高精度单脉冲雷达安装在1970年代的"远望号"测量船上，能连续跟踪飞行中的火箭、卫星、飞船，可接收飞船发出的数据信息，并转发给发射控制中心，为我国载人飞船的轨道测量提供了服务。

# 第7章 单脉冲雷达

## 贯彻十四条

20世纪60年代初,聂荣臻元帅负责全国军用产品的研制开发工作。聂帅对防空雷达研发非常关心,1961年5月亲临我们十四研究所视察。1961年8月中央批准了"科研工作十四条",下发至各军用产品科研单位。1962年1月,上级通知十四所列入军队编制,启用"中国人民解放军总字720部队"代号,我被聘为中校军官。直至1965年十四所又脱离军队编制,我们接受了后备役军官证书。1962年11月,在江苏省委书记许家屯陪同下,朱德委员长视察十四研究所。当时朱老年事已高,但身体健好,下汽车时,我去搀扶他上十四所的石阶,以表达自己对他的尊敬。朱委员长参观后对

张直中中校军衔
标准照(1962年)

1964年4月,刘伯承元帅、张爱萍上将、钟赤兵中将与十四所职工合影(局部,前排左13刘伯承,前排左12张爱萍,前排左11钟赤兵,前排左3张直中,前排左10申仲义)

十四所给予赞扬，勉励我们多出成果、出好成果。

1964年初，经聂帅提议，军委批准，国防科委于1964年4月6日在十四所召开"贯彻科研十四条现场会议"，外单位到会代表600余人。会议由张爱萍副总参谋长主持，由于聂帅身体欠佳，由张副总长宣读了聂帅致会议的贺信。所长申仲义做了大会专题汇报。中国科学院副院长裴丽生也做了大会发言。会议期间刘伯承元帅视察了十四所，接见了参加会议的全体代表以及十四所领导干部与先进工作者，并合影留念。来宾中有南京市委第一书记彭冲，南京军区副司令员郭化若等。会议之前十余天，我在南京军区总医院动手术割除胆囊，所里派车接我出来参加盛会，并参加刘伯承元帅的接见及合影。

1965年，十四所成立科技委员会，申仲义任主任委员，我任副主任委员。科技委成立后，凡重要的新产品研制和预先研究项目，均经科技委员会研究讨论并作出决定，然后由主要负责人按决定执行。若在执行中出现问题，再经科技委员会讨论决定是否需要修改。

## 放弃磨石山体制

前面讲的，申仲义所长下令暂停110雷达的设计工作，但我没有停止大型超远程跟踪雷达的科研工作。作为此项目的技术负责人，我在思考，这种雷达不但要求在1 000千米外发现和精确跟踪导弹，并且能计算出导弹袭击地点，因此，测角精度是这种雷达的首要指标。在分析了国外雷达技术的发展状况和国内电子工业的技术基础以及前面的经验教训后，我提出在角跟踪体制上应该放弃美国1950年代前期的磨石山（Millstone）体制。虽然磨石山体制曾经有过辉煌的战绩，但它角跟踪采用的是圆锥扫描方式，用的是固定载频调制的1 000微秒宽脉冲，距离分辨率为150千米，这可能会导致处在150千米之内的两个目标难以分开，并会使对目标的测距正确度变得很差。因此，用这种落后的圆锥扫描体制的雷达进行导弹外弹道测量，精度是不够的，必须采用新技术来解决这个问题。为此，我向领导提出必须放弃磨石山技术体制，走一条我们自主开发的道路。

## 脉冲压缩课题

脉冲压缩原理在1940年代就已提出，但直到1950年代才得以证实。1960年代初期，我注意到国外杂志上开始原理性探讨单脉冲体制，我们应该跟上世界学术趋势，研发脉冲压缩、单脉冲跟踪等新技术，因为前者能解决探测距离远，同时又有高距离分辨力和高测距精度；后者能提高角跟踪精度、推远跟踪距离和具有优良的抗干扰性能。为此，我决定为我国自主开发研制的超远程跟踪雷达采用单脉冲测角和脉冲压缩体制，接收机采用低噪声参量放大器。

由于这种新体制国外透露的工程实施资料极少，技术风险不言而喻。国外杂志上已有少数单脉冲体制的文章，指出单脉冲体制在消除对目标跟踪误差方面速度快、精度高、不易受干扰，但对具体如何实现单脉冲，这些文章没有说明，也就是说，外国人为了保密，只谈单脉冲的优越性，不讲它的实现方法。1961年，在申仲义所长的支持下，我提交了"单脉冲天线、接收和雷达总体技术的研究"和"脉冲压缩信号形式、信号处理和雷达总体研究"两项课题，领着技术人员展开了脉冲压缩研究。我们先在研究所内选定两个研究室的有关人员,向他们讲解脉冲压缩的原理及其对测距精度和距离分辨能力均能提高的优点,然后决定一个研究室对有源脉压进行研究,另一个研究室对无源脉压进行研究,无源脉压又分为线性调频和编码两种方式。经一年研究实践,初步证明有源脉压难以实现,无源脉压的编码方式虽能实现但难以稳定,而线性调频的无源脉压较易实现也较稳定,因此决定专攻线性调频脉压,重点是如何增大带宽。

当时是用镍线做线性调频产生器,而它的带宽很窄,因测距精度和多目标分辨能力是和带宽成比例的,带宽窄则测距精度和分辨能力就较差,加大带宽就能提高精度和多目标分辨力,所以必须寻找加大带宽的方式和材料。又经一年多时间的研究探索,研制出五节不同厚度的镍带,它比镍线的带宽提高了近20倍,同时也研制出配合这种镍带的脉冲展宽电路和压缩电路。这种五节厚度镍带及其配套电路后来均用在研究所研制的两种超远程(作用距离超过1 000千米)的雷达上①。我们从理论上研究了脉内调制信号以及处理这类信号的匹配滤波器。这类信号可大大提高对目标的分辨能力和测距精度。

20世纪五六十年代,世界上有许多科学家一直在进行雷达信息理论的研究,但从整个发展讲还远未成熟,还有许多重要问题未找到答案。例如如何设计一个信号能符合给定的模糊图,得到更完善的压缩信号,但这样的信号需要人们进一步去探索和发掘。

从信息论的角度来研究雷达信号,这已成为雷达技术继续向前发展中一个十分重要的课题。例如,工程师们需要弄清理论极限。一架雷达的设计应首先弄清它的各方面可能达到的理论极限值是多少,实际达到的指标

---

① 又经过多年研究探索,张直中研制出在镍带或钢带上刻槽的表面声波器件,大大展宽了带宽,使更多类型的雷达得以应用。

又和理论值相差多少。总之，把理论问题弄清楚了，可以避免走违反自然规律的弯路，可以明确有多少潜力可挖，与增加设备复杂性相比，权衡值不值得。更重要的是用理论作指导进行综合性的总体设计，以提高新型雷达的性能。

从理论上去寻找达到某些预定性能的信号是一个问题；这样的信号找到了，如何去具体实现又是另一个问题。在发送设备中希望的信号如何产生出来？在接收设备中对回波信号如何进行处理才能提取出信号的全部信息？这些问题是许多实验室，同时也是许多论文书籍探讨的中心问题。只有这方面做出了结果，雷达设备的性能才会出现巨大突破。

我觉得，把许多其他科学家的工作和他们发表的论文进行综合和衔接，是一种有意义的工作。虽然专门性的文献近来发表得很多，但大多是针对某一专题进行论述，因此应该将一些主要方面进行综合，建立起系统性概念。为此，1962年初，在课题研究取得初步成果的情况下，我为《电子学报》第1卷第2期撰写了《雷达信号的理论与脉冲压缩》论文，提出要系统地研究脉冲压缩，并结合到雷达应用上去，试图证明线性调频脉冲压缩在性能上和可实现性上都优于二相编码方案。我从雷达信号理论的角度，探讨雷达性能中最重要的几个指标。它们是：探测的作用距离、目标的测定精确度和对多目标的分辨能力。在噪声密度给定的情况，作用距离只由接收信号的能量来决定，而精确度和分辨率却由信号的波形和频谱来决定，因此可以将它们分开来探讨。精确度和分辨率虽是两种性能，但存在共同性质，一个精确度高的信号分辨率也一定是好的。我找到了这一共性的理论根源。我还在论文中介绍了两种压缩信号：线性调频脉冲信号和二相编码信号，罗列出它们的优缺点并提供了纠正那些缺点的方案。

## 《电子学报》杂志

《电子学报》杂志创刊于1962年7月。1964年9月,聂荣臻副总理为杂志题写了刊名。《电子学报》是我国电子学界高级学术刊物,刊登电子与信息科学及相邻领域的原始科研成果,囊括了电子科学技术的各个领域,反映我国电子科技的发展水平,主要刊登四类稿件:(1)学术论文;(2)技术报告;(3)综述评论;(4)科研通信。学报刊登的文稿严格执行三审定稿制度。张直中有6篇重要论文发表于《电子学报》上,他还担任过《电子学报》评审专家。

由于雷达采用重复发射的脉冲,因此,如何有效地解决脉冲串的积累技术成为研究探讨的中心。要再增大雷达作用距离,必须解决从噪声中提取微弱信号的问题。我注意到国外各种形式的视频积累技术广泛应用于雷达设计,但认为此种方法必先在积累以前通过检波器。检波器对信噪比小于1的微弱信号具有严重的抑制作用,使积累效果大受损失。因此,只有在检波器之前进行积累,才能达到最佳效果。但此时由于动目标所产生的多普勒频移的存在,必须分成许多并联通路,要求积累的数目愈多则需分的路数也愈多,这样就使设备变得非常复杂

张直中(中)1960年代在北京某军事基地

庞大，失去实际意义。为此，我写了《高频脉冲相参积累滤波器》[①] 一文，探讨性地提出一个具有能在未知多普勒频移情况下，不必使用多分路的办法，来实现检波前的积累设备，此设备名为高频脉冲相参积累器。用它与单个脉冲的匹配滤波器相连接，就能组成高频脉冲相参积累滤波器。我在论文中分析了相参积累器的作用原理，提出利用这种积累器组成的积累滤波器如何能对脉冲串高频信号获得最佳信噪比，并用模糊度函数的概念说明这种积累滤波器的实质，指出它比脉冲串匹配滤波器更优越和具有较大的实现可能性。

## 两个新的"第一台"

为了缩短验证时间，申仲义所长于1963年拨款数十万元向西安786厂购买了一台仿苏的 COH9A 圆锥扫描炮瞄雷达，在该雷达基础上，我率领近一百位技术人员的团队用了一年多时间按单脉冲体制要求，改造了天线馈源和馈线通道、雷达的接收系统和信息处理方式，其中某些系统经历了一两次失败，至1964年全部改造完成。经试验，这台新雷达的测角精度比苏式圆锥扫描雷达提高近5倍。它是中国的第一台单脉冲试验雷达（定名为102雷达），团队从中获得了大量的系统设计数据，使我国雷达技术水平向前跨越了一大步，并且培养了一批研究设计专家。实验证明在同样的条件下，单脉冲的测角精度（2.52［角］分）确实优于圆锥扫描（6.12［角］分），为十四所在1960年代中期以后研制导弹、卫星无线电

---

① 发表于《电子学报》1963年第2期，P3~P12。

测控系统中的单脉冲精密测量雷达做好了技术上的准备。

经过两年的研究，我们明确了线性调频脉冲压缩的性能和现实性都比二相编码要优越。1964年，我们又将一台407型远程警戒雷达改装成我国第一台采用体波色散线的线性调频脉冲压缩试验雷达，以验证系统的压缩效果，取得了雷达脉冲压缩技术系统设计的实验经验。1964年和1965年，因我们国家要研制远程和超远程雷达，为了适应不同雷达的需要，我提出了探索各种不同的线性调频信号的产生和处理办法。在我的主持下，十四所的色散线和脉冲压缩电路技术有了发展，能够提供各种不同雷达需要的色散线和脉冲压缩电路。脉冲压缩技术首先运用在110超远程精密跟踪雷达上，后又用在583频扫三坐标雷达、7010相控阵预警雷达、112-1超视距实验雷达、147-1机载脉冲多普勒雷达、146-1和385固态三坐标雷达等上面。

## 靶场测量雷达

我国在西北地区建设了研制导弹和卫星的发射基地。为了在熄火点观测导弹的高度和倾角等要素，由此计算出导弹是否能打入预定的落点区域，需要发射点火、飞行阶段直至熄火点的外弹道测量。试验时导弹落点区域应该是一个荒无人烟的区域，但是如果导弹偏离预定轨道太大，就可能落入城镇，要是出现这种情况，就必须指令导弹在熄火后的飞行中自行爆炸。因此，靶场外的弹道测量需用有精确测角精度的精密跟踪雷达。1950年代末，苏联提供给中国靶场的是一种采用圆锥扫描测角体制的跟踪雷达，中国将其取名为"黑龙江雷达"。圆锥扫描跟踪雷达是第二次世界大战末期美国研制出来安装在军舰上打击日本神风自杀飞机所用的高射炮炮瞄雷达，该美式雷达名为 SCR584，在击落日本自杀飞机战役中立了大功。但用这种圆锥扫描体制的雷达进行导弹外弹道测量，精度还是不够的。由于我设计成功了国内第一台单脉冲雷达，因此，卫星发射靶场将靶场测量雷达的生产任务交给了我们十四所，并要求迅速供应。为了赶速度，十四所花了两年时间，研制成两台非相参型单脉冲精测雷达提供给了发射靶场。后又用一年多时间研制出相参型单脉冲雷达，它的优点是除精测导弹的角度和距离外，还能测量导弹的飞行速度。在后来十余年中，十四所提供给多处导弹和卫星发射靶场的外弹道精测雷达20余台套，均是不断改进的相参型单脉冲雷达。1986年，美国著名靶场精密测量雷达专家巴顿博士（D. K. Barton）[①] 访问十四所，我们与巴顿就单脉冲精密跟踪雷达的有关技术进行了交流。

## 远程导弹预警雷达

为了打破美、苏核垄断，国家在积极发展"两弹"的同时，又提出了防御战略方针。毛泽东主席于1964年2月6日，向钱学森等提出中国要搞反导弹系统。他说，有矛必有盾，再厉害的东西也可以找到对付的办

---

[①] 大卫·巴顿（David Barton），1927年生于美国康涅狄格州，1949年获哈佛大学物理科学学士学位，1955年起在美国无线电公司（RCA）导弹和地面雷达部任系统工程师，1963年任美国雷神公司（Raytheon Company）雷达系统科学顾问，参与美国"卫兵"反导系统中的导弹场地雷达（MSR）和精密进场雷达 AN/TPN–19 的系统工程设计。1972年被推选为美国电气电子工程师学会（IEEE）会士，时任IEEE宇航与电子系统分会雷达系统委员会主席。著有《雷达系统分析》（Radar System Analysis），主编7卷本雷达汇集（the 7-Volume Radars Book Series）。

法。5年不行，10年；10年不行，15年，总可以搞出来的。这个反导弹预警系统在业内简称为640工程。它由两部分组成，首先是导弹预警系统，能发现敌方导弹来袭，并精确测知导弹轨迹，推算出它的打击地点；其次将此信息转给导弹反击系统，这种反击系统是由反导弹及其指挥控制电子系统组成。我们十四所接受了导弹预警系统的研制，导弹反击系统由航天部门的研究所研制。申仲义所长接到任务后，指定我负责导弹预警雷达的研究。

1957年，苏联的第一颗人造卫星上天，从技术上标志着苏联已有发射洲际导弹（射程8000千米以上）的能力。要从苏联本土用导弹打击美国，最短的路程是通过北极圈。美国认为苏联远程导弹技术已成熟，为了防御苏联的导弹，一方面加紧发展高速反导弹，一方面在1950年代末1960年代初，在北极圈不同地区匆忙部署了三个导弹预警系统基地，每个系统均安装两台作用距离达2000千米以上、天线很庞大的机械扫描雷达。

那时我们的雷达是靠天线不断转动来接收信号的，由于天线转动比较缓慢，远程导弹很容易凭借其高速优势而躲过雷达的"眼睛"。鉴于导弹速度快，机械扫描速度慢，天线波束转动不灵活，我们需要研制的导弹预警雷达，如照搬美国1950年代二维机械转动的导弹预警系统，即使用两台机械的超远程雷达执行预警任务，也会有严重漏警的现象出现。正好1964年国外杂志上已开始探讨一种新的天线扫描方式，即电子扫描，它用移相器改变天线各单元的相位，这种情形下天线保持不动，波束就能在空间扫描。移相器的相移可用电子计算机控制，若相移连续变化，则波束连续扫描，若相移突跳变化，则波束在空间突跳到被指定的方向。这种雷达被称为相控阵雷达。

我觉得应该将无惯性的相控电扫描体制应用于我国的战略反导弹预警

系统，但此体制必须用电子计算机进行相控，而当时买不到国外的电子计算机。所幸中国科学院计算技术研究所已开始着手电子计算机的研究，因此，如果十四所研制相控阵天线，有可能与他们同步进行。我向申仲义所长提出了这个方向性技术建议，并提交了"相控阵天线和雷达总体的研究"课题。所长很赞成，说这种新体制将来在防导弹和防飞机方面都会用得到。就这样，我立刻从精密跟踪雷达总体室先抽调几个技术骨干对相控阵体制做了粗略的总体研究，为实战型相控阵雷达的研制打下了基础。①

我们的总体研究逐渐深入后，于1965年开始了大型二维相控阵超远程预警雷达（当时的代号为111，1969年更名为7010）总体论证和关键技术攻关，诸如天线振子单元、移相器、功率分配器、信号处理和数据处理等理论分析和实验研究以及32个单元的接收相控阵天线的扫描实验。"文革"中，我被迫脱离7010雷达项目的研制。1970年5月，十四所组织了以薛国炜、张光义为主要技术负责人的300余名科技人员参加研制，我的女婿顾永盛也是其中一员。1972年开始小面阵天线设备的安装架设和联调。1976年进行全面阵天线的安装、调试，并投入运转，打破了美、苏在该技术上独霸天下的局面。1977年，我去北方基地看到该雷达能跟踪3000千米内不同方向的卫星，心里感到很欣慰。1977年以后，7010雷达多次成功地监视太空目标和完成中国导弹、卫星的试验观测任务。特别是它可为110雷达提供目标指示，共同组成测量网。我们正好搞出这两个雷达之后，美国的"天空实验室"坠落，就是它飞了多少圈后，就要掉下来了。还有苏联一个"宇宙–1402号"核动力卫星，也是飞了多少圈坠

---

① 据柯有安的回忆：1964年，张直中在十四所主持了相控阵技术的研究。经过充分的调研，认定相控阵技术是实现超远程多目标探测的有效途径。柯有安也曾应邀到所做过一次相控阵技术的综述报告。后来十四所还派了一个十人组，到北京工业学院（今北京理工大学）参加相控阵技术的实验研究，与柯和张有较多的联系。

落。这两个卫星的坠落，我们都看到了。我们用这两个 7010 和 110 雷达进行跟踪，一个在北面，一个在南面，根据卫星的轨迹，算出了坠落的时间，什么时间坠落，坠落在什么地点，纬度多少，经度多少。苏联和美国他们后来公布的坠落时间与我们测量出的经度、纬度相差只有一度左右，时间只差六七秒，不到 10 秒。这两个雷达的研制成功，标志着中国雷达技术达到了一个新的水平。

640 工程的预警系统，不仅应用于 7010 和 110 这两台超级雷达，而且也服务于其他的航天项目，比如说"远望号"科考测量船。十四所研制的高精度单脉冲雷达安装在 1970 年代的"远望号"测量船上，能连续跟踪飞行中的火箭、卫星、飞船，可接收飞船发出的数据信息，并转发给发射控制中心，为我国载人飞船的轨道测量提供了服务。

## 科学会堂报告

1962 年 4 月，中国电子学会成立大会及第一届年会在北京隆重举行，同时学会设立了 17 个专业委员会，雷达专业委员会就是其中之一[①]。会议期间，电子学会举办了 9 次无线电电子学科学技术报告会，听众达 1 万多人次。

旧中国在科学技术方面底子薄，1950 年代才开始进行雷达的应用、与雷达有关的理论与技术的研究。新中国成立后虽已有了相当发展，但与先进国家相比仍比较落后，在承认这个差距的同时，应该艰苦努力，争取

---

① 第一届雷达委员会主任委员由毕德显担任，副主任委员为申仲义、刘永福、陆大绘。1965 年以后，学术活动一度中断。

使我们的雷达迈入最先进国家之列。中国电子学会于1964年6月，在北京科学会堂举办第十二次无线电电子学科学技术报告会，让我做《雷达技术的现况及发展趋势》①学术报告，向600位听众讲述了雷达在空间时代的应用以及为了满足新用途而创建的新体制和新技术，说明国际上最近十年来这方面的情况并预测了今后十年的发展趋势。

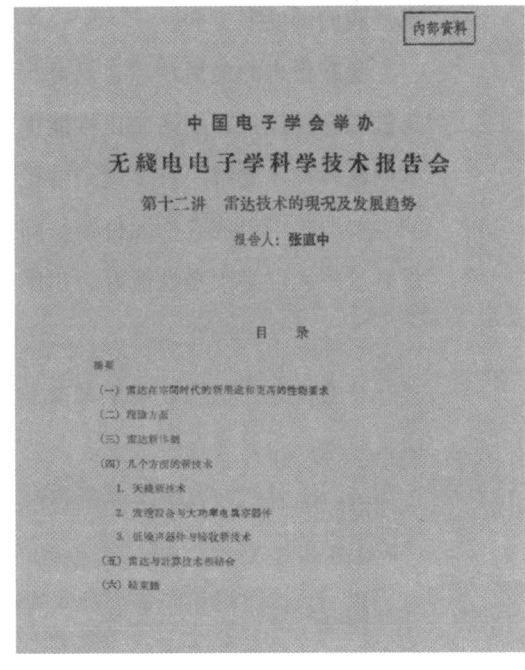

张直中《雷达技术的现况及发展趋势》演讲稿

我的报告分为五个部分：第一部分介绍空间时代雷达的新用途，也讲述了地面雷达对宇宙航行的应用，以及近年来天文雷达的发展情况及其多种用途；第二部分，先谈基础理论与雷达技术发展的关系，后说雷达信息论的发展、控制论在雷达上的诸多应用和分子电子学理论、量子无线电物理理论，及现代运筹学等理论与雷达新技术的关系；报告的第三部分，列举了三度空间体制、单脉冲跟踪体制、脉冲多普勒制、频率分集制、脉冲压缩制、相控阵雷达制，以及多基地雷达制等的特点及其工作原理，指出脉冲压缩和相控阵对超远程雷达发展的特殊意义；第四部分，我介绍了天线、发射和接收三个方面的新技术；第五部分，我强调现代雷达必须与电子计算技术相结合，认为

---

① 《雷达技术的现况及发展趋势》（中国电子学会无线电电子学科学技术报告会第十二讲）收藏于国家图书馆。

那是我们的发展方向。

　　我在报告的最后谈了自己对雷达设备生产的要求，因为雷达是一种复杂的综合性设备，要研制出性能优良的雷达除了必须解决许多复杂电气技术问题外，还要解决许多复杂的机械结构和工艺加工方面的问题。设备性能主要取决于组成它的元件，一部雷达中要用上数万以至数百万个大小元件，这些元件必须是性能好，精度高的。

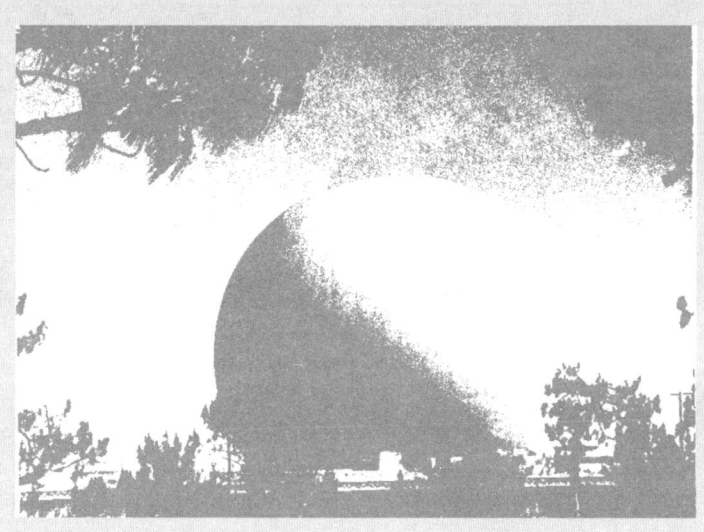

那时有不少人经不起折磨,选择自杀来抗争。因此,我们被关在楼上,鞋带、裤带等都收掉了。我没有想过死,坚信自己历史的清白,事情一定会搞清楚的。

# 第 8 章
# "文革"十年

## 参加"四清"

"文革"前，我和大家一样，经历了不少政治运动。1957年党中央开展整风运动，发动群众向党提出批评建议，我参加了。我说：新国家成立后的6年与国民党时期比起来好得多，物价稳定，工商业也发展，我只说了称赞的话，没有说批评、意见或建议的话，因此，后来随即开展的"反右"运动反不到我头上。没有想到，我还成为单位的"反右"积极分子。

正当我全身心投入新体制雷达研制的时候，1965年我被迫中断研究所的工作，加入了"四清"工作队，去南京邻近的江宁县长江公社。因为是政治运动，我只能服从，来到农村，住在一贫农家里，吃饭在另外地方。我与农民一起在田里劳动，每天铲地。由于长时间拼命干活，不慎将腰扭伤，在农民家卧床休息了一段时间。

"四清"工作队领导是政工干部,要我们这些知识分子到农村帮助"四清",实际上也是要我们接受教育。我住的那个小队有30户人家,除了一户是富农外,都是贫农。我们下去"四清",要追查一位姓万的队长贪污集体财物的问题。万队长自己交代了他贪污队里稻谷300斤(1斤=500克)的事,而从丹阳邮电局派来的一位小年轻政工干部,我现在已记不得他的姓名,硬说万队长贪污的稻谷有1万斤。我不同意"小年轻"的夸大说法,认为万队长能将1万斤稻谷藏在何处呢?因此,我对"小年轻"说,万队长交代的300斤是比较靠谱的。但"小年轻"仍坚持自己的推断,并开始对万队长逼、供、讯,还打了他,让万队长看了一场忆苦思甜的电影。结果,"小年轻"兴奋地告诉我,万队长招认了。我当时表示怀疑,因为没有旁证材料。三天后,"小年轻"要我一同去参加"三级干部"① 批斗万队长的大会,我没有去。让"小年轻"没有想到的是,批斗会刚开完不久,万队长就翻供了,他的母亲还跪在"小年轻"面前,请求翻案。此时,我的"四清"工作期限已满,被领导调回十四所,由丹阳那边重新派人过来接替了我的工作。因此,这个案子的最终发展结果,我就不清楚了。

## "摇摇停"的"110"

前面说过,1958 年为观察跟踪外空目标,中国科学院提出由十四所和中科院电子所等单位共同承担超远程预警雷达的研制任务,定名为110

---

① 三级干部会议就是县、乡、村主要负责同志的会议。

雷达，并列为国家重点科研项目。由于当时技术不够，以及"大跃进"的干扰，项目于1960年底暂停，但项目并没有取消，全部移交给了十四所。我作为110项目主要负责人没有停止这个项目的研究。记得在1961年5月，当110研制工作遇到困难的时候，国务院主管科技的副总理聂荣臻元帅来十四所视察，明确指出："110雷达有困难，要坚持下去，不要半途动摇，要下决心把它搞出来。搞科研必须有远见，要有战略眼光。"他的话坚定了我的信心。自1962年开始，我吸取前一阶段工作的经验与教训，开展了单脉冲体制、脉冲压缩、参量放大器等专题研究。随着我们在单脉冲技术上的突破，中国第一台单脉冲体制雷达的研制成功，申仲义所长决定重新开始110雷达项目，并将脉冲压缩技术和单脉冲体制运用到110上。

1965年，我和另一技术骨干在北京参加了一次会议，得知中国要发展弹道导弹，需要有做外弹道测量用的精密跟踪雷达，而当时靶场使用的仍然是取名为"黑龙江"的苏式圆锥扫描雷达。我们将这一情况向所长汇报后，建议先搞导弹发射靶场单脉冲测量雷达，一则配合靶场需要，再则先搞数百千米较小的单脉冲雷达，可为1 000千米以上的110雷达打基础。但所长认为超远程110雷达是上级明确交给十四所的任务，而靶场测量雷达只是听说，未见红头文件明确要十四所供应，于是仍决定立即开展110雷达项目。一时间我们和所长形成了顶牛。但顶牛归顶牛，终究得按所长的决定办。于是大批人马又开始110的设计。大约四个月后，要十四所迅速供应发射靶场外弹道测量雷达的上级指令下达到所。于是110雷达的全班设计人马即转向靶场测量雷达，110雷达项目再次停了下来。也正因此，110雷达项目在所内得了"摇摇停"的诨名。

110雷达真正上马（第三次）是在1966年。"文革"前，我是既管

110，又管111，就是前面说的7010相控阵导弹预警雷达。"文革"开始后，群众贴大字报，再次指责110为"摇摇停"。因而，申仲义命我专门负责110项目，111则由别人主管。当时，110雷达已被确定作为导弹和卫星再入段的精密测量雷达，被确定安装在云南某地的小山上。为此，我把全部精力投入到110上，除将单脉冲和脉冲压缩技术运用在110上，还在总体设计中采用多路接收技术，使雷达既能跟踪主目标，还能跟踪同在天线波束内但偏离主目标的其他目标，如可跟踪导弹下落进入大气层后，末级火箭可能碎成几片伴随在导弹四周的情形。

110大型单脉冲精密跟踪测量雷达，采用了卡塞格伦天线、双波段五喇叭馈源，天线抛物面口径为25米，天线系统重400吨，天线罩球面直径为44米、高36.5米，由1 500余块六角形蜂窝式玻璃模块镶嵌而成；发射机选用十院十二所研制的高1.5米、重100千克、峰值功率为2.5兆瓦的巨型多腔速调管；采用多级化、脉冲压缩、数字压缩、数字测距、脉冲多普勒测速和多目标高速磁记录与重放等新技术。

1968年5月，我去北京参加110天线罩会议，当时有一种论调是"由任务带技术"，会上决定拨款人民币200万元由上海耀华玻璃厂制造直径44米的世界上最大的天线罩（当时美国已有的最大天线罩是42米）。会议商定由十四所研究试验玻璃钢夹层天线罩，再由耀华厂生产。十四所技术人员先测试了一个直径8米的天线罩，有肯定结果后向耀华厂提出44米天线罩夹层玻璃钢的厚度和材料性能要求。

1968年，110雷达方案论证基本结束后，我这个项目总负责人却从5月起被关入"牛棚"，与110绝缘。1971年，雷达开始进场安装调试。110雷达除了在软件控制方面做过若干改进以外，基本是按照我总负责时论证、确定的方案设计试制的，天线罩是采用蜂窝夹层玻璃钢，电磁波透

110 大型单脉冲精密跟踪测量雷达
（照片摘自《当代中国的国防科技事业》）

过率约95％。经过气球、飞机、卫星和导弹等一系列校飞，精度和作用距离均超过设计指标。

1974年，十四所恢复了我副总工程师的工作，我又开始关心110雷达项目进展情况，1976年，专程去云南查看110雷达工作情况，看着自己设计方案的成功，并已能连续跟踪1 000多千米外的人造卫星，心里特别高兴。1977年，雷达系统正式投入使用后，圆满地完成了历次任务，使中国成为继美、苏之后世界上第三个能够研制这种大型雷达的国家。110雷达在东风反弹道导弹试验中，弹体离架仅10秒钟就被110雷达紧紧抓住，并稳定跟踪，迅速预告落点，为火箭、反导试验作出了重要贡献。110雷达还在1980年的两发东风五型洲际导弹全程试验中，分别获得了数百秒的跟踪测量数据，最远跟踪距离达3 000千米。

## "埋伏得很深的特务"

1968年5月，在我去北京参加110天线罩会议回到十四所的第二天，就因为要贯彻毛主席提出"清理阶级队伍"的最新指示被隔离审查，我的110研究工作被迫戛然而止。搞我的理由，是解放前我曾在国民党联勤总部所属的重庆电信机械修造厂以相当于总工的职位工作过几年。重庆解放前夕，联勤总部在重庆的通讯署黄家桢署长要我跟随他去台湾，我不愿去而留重庆等待解放。在"清理阶级队伍"运动中，我被指控为"埋伏得很深的特务"，为此，"革命小将们"要我"竹筒倒豆子"，交代所有罪行。家被抄两次，好像是两派不同的造反派在不同的时间去的，他们均没有抄出我所谓做"特务"的证据，也没有抄出值钱的宝贝，查出写有"本缄"二字的几封亲友给我的信封，造反派无知，硬说是我们特务间的联系暗号，最终把我关入"牛棚"。十四所实际没有"牛棚"，最初几个月，是被关在原年轻人6人同住的上下铺单身宿舍里，后又转移到一间小房间里，要求我学《毛选》，写自我交代。每天上下班时间，还要挂着写有"埋伏得很深的特务"的黑牌子站在研究所办公楼门前示众。我们作为"牛鬼蛇神"是不能乱说乱动的，去食堂吃饭都是要到最后。有人还批判我"只专不红，脱离实际"。我很淡定自如，抱着"有则改之，无则加勉"的态度，从严要求自己，不去争辩。

当时我小女儿张幼珍是研究所子弟小学的学生，她的学校就在办公区旁边，因此，每天上学都要经过办公楼。女儿看到我挂着牌子被斗的场面非常害怕，只能低着头快速离开，我也只能视而不见，心里很不好受。老伴娄世英非常了解我，清楚我从事保密工作，一向不过问我工作上的事情，就是平时，我俩谈话也从不涉及工作。她深知我政治上的清白，但此时的她实在忍不住了，找到那些"革命小将"说理：张直中拒绝到台湾的事情你们是调查清楚了的，解放后他是经过层层排查、层层筛选才留下来工作的，现在怎么忽然变成了隐藏很深的特务了呢？老伴讲的当然有道理，但在那个是非颠倒的时代，道理有什么用？我家原有住房三间，就此被"借"走两间，老伴只好带着两个女儿挤在一间房子里。"文革"结束后，电子工业部一位副部长来家看我，发现根本没地方坐，便向有关部门反映，我家的生活状况才慢慢地有了改善。

那时有不少人经不起折磨，选择自杀来抗争。因此，我们被关在楼上，鞋带、裤带等都收掉了。我没有想过死，坚信自己历史的清白，事情一定会搞清楚的。我如实写了1940年浙江大学毕业时由系主任王国松介绍去重庆电信机械修造厂技术室工作，直至1949年11月，这9年多时间的个人情况以及不愿去台湾的理由。

我写的那些交代确实是我的真实历史，但"革命小将"们并不相信，总认为我在国民党联勤总部下属厂工作，解放前身任相当于现在总工程师这样的职务，总不是好人，一定有见不得人的事没交代。于是他们一次次要我重新交代，我只能一次次改写交代材料，虽措词不一样，但主要内容相同。似这般改写了4～5次，"小将"们在挤不出"罪行"的情况下，又派人各处外调，如去我解放前工作过的重庆电信机械修造厂、重庆大学，找包括原电信厂厂长张启华等同事和我的亲朋好友，但均未得到我有"罪行"的说法。因为那时是不需有明确的"证据"的，只需要有"说法"。为了还想给我定"现行反革命"的罪名，当时的支部书记又鼓动与我一起工作过的技术人员揭发我和他们谈话时是否有反革命言论，给他们三天时间仔细回忆。但大家均回忆不出我曾有过的反党、反革命言论，或者我有过后悔没去台湾的言论，结果仍旧一无所获。没辙了，1969年1月，"小将"们只好放我回家过春节，也不要再写重复的交代材料了。

## 挖防空洞

"牛棚"出来后，进驻十四所的工宣队、军宣队并没有恢复我的雷达设计工作，而是安排我去工厂车间干体力劳动。中苏边境"珍宝岛"武装冲突事件后，毛泽东向全国人民发出了"深挖洞，广积粮，不称霸"、"要准备打仗"的号召，全国各地立刻开展了挖防空洞和防空壕的群众运动。我又被他们安排去"深挖洞"。每天劳动六小时，主要是与另一位曾经的"棚友"搭档，将挖掘出的泥土用车子推出防空洞口。因此，在家的闲暇时间多了，我便利用空闲，大量阅读有关雷达的专业书籍。1970年4月24日，我国成功地发射了第一颗人造地球卫星"东方红一号"。酒泉卫星发射基地传来了好消息，我参与研制的单脉冲精密测量跟踪雷达成功地跟踪到卫星，这让身陷逆境的我获得了不少精神安慰。直至1972年，工宣队撤离，军宣队也即将撤离时，军宣队领导把我叫去，通知我可以参加工作。我满以为自己将重返110雷达项目，却被安排去了十四所技术情报室。

## 《雷达手册》

1968年至1972年，我被禁止从事研究工作有四年之久。1972年夏，才恢复工作，至技术情报室工作。不能进研究室，但可以阅读和翻译外国雷达技术资料，编写技术讲义等。

二战结束后，美国马萨诸塞理工学院的辐射实验室（Radiation Laboratory），在美国科学研究和发展办公室的资助下，决定将实验室一系列的雷达理论和技术成果详细地记录下来，指定L. N. 里登诺尔为总编辑，集合多名雷达整机和各分系统的专家，组成了15人的《马萨诸塞理工学院辐射实验室丛书》（Massachusette Institute of Technology Radiation Laboratory Series）编辑委员会，在1950年前后出版了当时著名的28本雷达系列丛书，推动了20世纪50—60年代雷达的发展。

雷达新技术的飞速发展迫切需要推出更新的雷达全集，于是由当时的美国著名专家斯科尔尼克[①]（Merrill I. Skolnik）邀集数十名各方面专家、学者写就了第一版《雷达手册》（Radar Handbook）。为了适应我们国家电子工业迅速发展的形势，国防工业出版社组织翻译《雷达手册》一书，以方便中国读者学习、研究雷达技术。1973年，一批国内从事雷达研制和教学的工厂、研究所和院校科研人员汇聚北京，组成了名为"谢卓"的翻译小组。1973年夏，我去了北京，成为翻译小组的主要成员，参与了手册的翻译工作，同时又担任了手册的总校。经过我们翻译小组一年半时间的辛勤努力，《雷达手册》中译本于1974年问世，分为十册。1978年，出版社又出版了合订本。该书很受欢迎，光合订本就印刷了7500册，成为从事雷达系统研究和雷达工程研究的技术人员的必备工具书。

---

① 斯科尔尼克（Merrill I. Skolnik），1927年11月6日出生于美国马里兰州巴尔的摩，1951年获约翰·霍普金斯大学电气工程博士学位。1955年服务于MIT林肯实验室，1965年起主管美国海军研究实验室雷达分部的工作，负责海军雷达的研究和开发，著有《雷达系统导论》（Introduciton to Radar System），主编《雷达手册》（Radar Handbook）。除雷达以外，他还从事天线、电子系统、电子战和气体电子学研究工作。

## 《雷达手册》Radar Handbook

有关雷达系统理论、方法和技术问题的工具书，由 M. I. 斯科尔尼克主编，1970 年在美国出版。内容广泛，涉及雷达技术领域的各个方面。共有 51 位雷达专家参加编写。该手册共有 39 章，译文按细分的专业分成 10 个分册。1974 年，国防工业出版社组织翻译此书工作，由张直中任主编总校，先分 10 册出版，4 年后，又出版了合订本。2003 年，电子工业出版社翻译出版了《雷达手册（第 2 版）》，张直中参与审校，并撰写了第 2 版中译本序言。

由于 20 世纪 70 年代后期到 80 年代雷达技术又有了众多新发展，因此，斯科尔尼克又邀集专家写作新一版"Radar Handbook"（第 2 版），它和前一版已有很大不同，介绍了很多新技术新体制。新版《雷达手册》集合了当今世界雷达各方面造诣最深的专家、学者合作撰写而成，全面反映了不同体制雷达的最新技术，新手册思想新颖，叙述简练，层次清楚，可读性强。读者通过阅读就可全面了解各种雷达的基本概念和设计方法，避免了国内出版的雷达技术书籍只针对某一体制的缺点。我有幸参与了第 2 版《雷达手册》的校对工作，并为手册撰写了序言。

《雷达手册》（2003 年）第 2 版书影

## 《雷达信号的选择与处理》

"文革"后期,我做了两件事,一件是前面说的,我与别人一同翻译了一部分并总校了美国50多名雷达专家合著的大部头《雷达手册》,另一件是总结了我在雷达信号处理方面的理论和实践,写了一本《雷达信号的选择与处理》书稿。

1974年1月,我被恢复副总工程师职务并受命领导新雷达论证工作,重新开始了学术研究。为了提高所里科技人员研究水平,我给对雷达信号技术感兴趣的科技人员(约40人)开办学术讲座,每周授课两次,一共6个月时间。之后,我把讲义改写成书稿,并于1975年,先将书稿的部分内容写成一篇题为《雷达信号的模拟与数字处理技术》的论文,发表于《国外电子技术》杂志的第9、10期期刊上。

1977年,我的这本书稿引起了国防工业出版社编辑的兴趣。他们认为手稿可供从事雷达体制、信号、接收机和抗干扰研究和设计的人员及大专院校专业师生学习参考。两年后,我的第一部雷达专著《雷达信号的选择与处理》就由该社正式出版了。

1979年,张直中著《雷达信号的选择与处理》出版

　　1980年初，我作为十四所的总工程师，被国防科委召去北京，接受研制歼击机脉冲多普勒雷达的任务，主持PD体制样机方案论证和技术攻关。

　　1990年代中后期，十四所具有高、中、低三种重复频率全波形的PDⅡ型雷达终于研制成功了。

# 第9章
## 重抖精神

### 率团访美

1979年10月,电子工业部接到美国电气电子工程师学会(The Institute of Electrical and Electronics Engineers,IEEE)和1980年国际雷达会议(RADAR-80)筹备组来函,内称1975年在美国召开了第一届国际雷达会议,不少国家将他们雷达发展简况做了介绍。1980年4月,IEEE又将在美国召开第二届国际雷达会议,很希望中国电子学会能派一个代表团出席,并在会议上做中国雷达的发展情况的报告。部领导十分重视,将邀请函转交雷达局办理。时任雷达局局长的申仲义要我代表中国电子学会起草发言报告。我考虑到中国的雷达主要是应用于国防,有个保密问题,说多了怕泄密①，说少了会被别人认为中国雷达太糟糕，因此特别请示了申局长。申局长确定了"可以说一点，留一点"的写作原则。于是，根据这一原则，我写了一个初稿，送交北京。申局长为此专门召集雷达局科技委员会会议，对初稿进行讨论，作了一些修改后定稿。之后，我按定稿写了中、英对照的稿子送申局长，他很满意，并将此稿送部领导最后审阅。刘寅部长等部领导认为可按此稿在美国举行的第二届国际雷达会议上宣讲。其后，部领导决定了参加那届国际会议的中国雷达代表团人员，共5人②，十四所是我和林守远，清华大学是茅于海，西北电讯工程学院（今西安电子科技大学）丁鹭飞（女）和华南工学院（今华南理工大学）欧阳景尊，指定我为代表团团长。

## IEEE

电气电子工程师学会（The Institute of Electrical and Electronics Engineers，IEEE）的前身是1884年成立的美国电气工程师协会（AIEE）和1912年成立的无线电工程师学会（IRE）。1963年，这两个组织合并为电气电子工程师学会（IEEE）。IEEE的宗旨是为科学家、工程师、制造商提供国际联络交流的平台，为他们交流信息、专业教育和提高专业能力服务。IEEE是世界上很有影响的跨国性专业组织，总部设在美国纽约，下设38个专业分会（society）。IEEE有30多万会员，

---

① 参加1980年国际雷达会议（RADAR-80）回到南京后，张直中被江苏省保密部门指控其报告有"泄密"嫌疑，认为报告中透露了我国磁控管的保密信息。后经电子工业部出面证实报告中所有内容都是经过部长研究审查同意的，江苏保密部门才撤销了保密调查。

② 据柯有安回忆，中国注册参加1980年国际雷达会议共有6人，直接从大陆去的5人，系以中国电子学会的名义派出，由张直中领队，从美国直接去的有北京工业学院的王中。她于1979年底派往美国约翰·霍普金斯大学做访问学者。

分布在世界 150 多个国家和地区。IEEE 在全世界设有 300 多个分部（section），为了管理上的方便，IEEE 将全世界划分为 10 个地区，亚洲、太平洋地区为第 10 区。IEEE 每年举行 300 多个学术会议，出版 70 多种期刊和各种继续教育教材。IEEE 是国际标准化组织授权的可以制订标准的组织。1985 年 7 月，IEEE 北京分部成立，罗沛霖任分部首任主席。北京分部的办事机构就设在中国电子学会总部。

## 国际雷达会议

1974 年初，在巴顿（David Barton）、斯科尔尼克（Merrill I. Skolnik）和内桑森（Fred Nathanson）三位美国著名雷达专家及 IEEE 高层人士的建议下，罗伯特·希尔（Robert Hill）开始筹备 IEEE 第一届国际雷达会议（RADAR-75）。第二年，来自 20 多个国家的约 820 位雷达工程师相聚位于美国首都华盛顿东南郊弗吉尼亚州阿灵顿镇的斯托佛国家中心宾馆，成功举行了一次 IEEE 国际雷达会议。随着首届国际雷达会议的成功，IEEE 决定由希尔再主持一次国际雷达会议（RADAR-80），地点仍安排在美国华盛顿附近的阿灵顿镇斯托佛国家中心宾馆。1979 年初，中美建交，卡特政府要求雷达会议筹备组邀请中华人民共和国雷达代表团参加 RADAR-80，向中国打开了技术交流之窗①。

---

① 希尔先生回忆说："在我们准备 1980 年国际雷达会议（RADAR-80）的时候（那年 IEEE 组织召开的 8 个会议之一），美国政府要求我们扩大范围，特别邀请中华人民共和国代表团，作为 1979 年中美建交和经历灾难性的 10 年'文化大革命'后，中国面向西方社会打开窗口的一部分。1972 年尼克松访华在行动上已经确立了这一思路，卡特政府也要求我们通过这种方式给予协助。"（《雷达与探测技术动态》2011 年第一期，P4）

罗伯特·希尔（Robert Hill），1935 年生于美国艾奥瓦州，1967 年获马里兰大学电气工程硕士学位。1960 年起在美国海军部门从事雷达开发、采购和保障工作，曾领导海军"宙斯盾"系统相控阵雷达开发。他是 IEEE 会士，曾在 IEEE 宇航与电子系统分会任常委多年。他组织召开了 RADAR-75，担任过首届和其后几届 IEEE 国际雷达会议的大会主席。

由于当时中国到美国没有直航飞机，我们的雷达代表团只能先坐飞机到法国巴黎，然后再飞往美国。1980年4月28—30日，IEEE华盛顿分部、IEEE宇航与电子系统分会（IEEE AESS）主办的第二届国际雷达会议在华盛顿东南郊弗吉尼亚州阿灵顿镇的斯托佛国家中心宾馆隆重举行。中国代表团的到会，使1980年国际雷达会议（RADAR-80）增加了新鲜感。我被主办方安排在大会第四组（合成孔径雷达组）的第一位报告。报

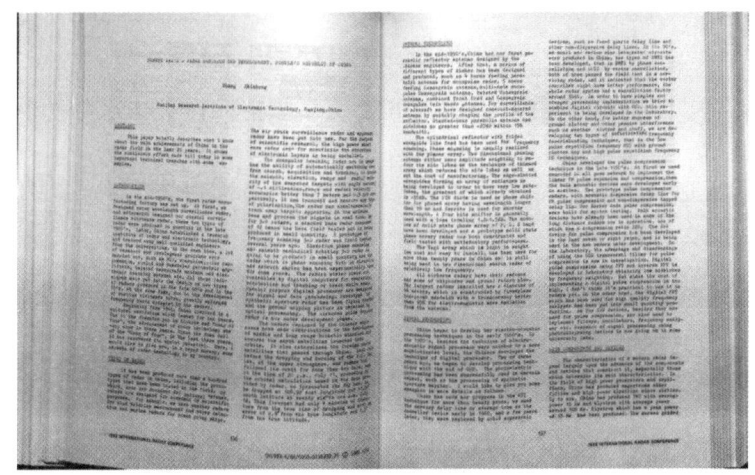

张直中《中国雷达技术研究发展概况》英文稿

告当天，会议计划两组学术报告，但另一组的与会代表也过来听我的演讲，他们迫切地想知道"文革"之后中国的雷达技术状况，因此，那天的分组会成了大会，听众多达500余人。我报告的题目为《中国雷达技术研究发展概况》（Survey Paper—Radar Research and Development, People's Republic of China[①]）。我用英文报告，没有超过规定的时间，还回答了现场

---

① 报告英文稿全文收入 The Record of the IEEE 1980 international Radar Conference, IEEE publication 80CH1493-6 AES, pp136~138。

的提问。如何做到申局长要求的"讲一点留一点"呢？我在报告中说：我们的雷达可以对飞过中国上空的外国卫星进行编目，譬如，1979年美国"天空实验室"① 卫星坠落，我们用在云南的110雷达和在北方的7010雷达在卫星坠落前跟踪了10天，通过它愈转愈低的轨迹预测出坠落的时间和地点，并做了内部预报。

我们预报的坠落时间为7月12日零时34分，地点为东经108.92°，南纬41.50°。在"天空实验室"坠落后，美国发布了该卫星的坠落时间和地点，与我们的内部预报时间上仅差4分钟，地点上仅差经度2.9°，纬度1.3°。这可说明中国已有了能精确测定卫星轨迹的超远程雷达，其性能是相当优越的。但我在报告中没有说出这些雷达的安置地点、型号、工作体制和性能。

对于中国首次在类似国际学术会议上的亮相，与会的学术专家纷纷做了猜测，但他们对刚刚开放不久的中国及其雷达同行没有什么认识，也谈不上尊敬。会议特别印发了我的英文简介，与会者是没有想到我能用英文做报告。报告时间虽不长，但内容丰富，让他们大为震动。他们原先以为中国雷达技术是很落后的，现在看来并非如此。中国掌握的雷达技术水平，远远超出了他们的预料。

我在报告的结尾感谢美国电气电子工程师学会（IEEE）给我大会发言的机会，希望通过国际间科学团体和学会的相互交流以及科学家之间的个人接触，增进大家的相互了解和友谊。报告赢得了会场的热烈掌声，外国同行纷纷表示愿和中国同行进行雷达技术交流，建立相互切磋的窗口。

---

① 天空实验室（Skylab）：美国第一个轨道空间站，1973年5月14日发射升空，1979年7月12日坠落于南印度洋。

大会主席希尔先生特别主持了一个联谊晚宴款待我们①。从此，我与希尔成为好朋友。在1980年国际雷达会议（RADAR-80）以后不久，中国电子学会提出与美国电气电子工程师学会（IEEE）、英国电气工程师学会（IEE）、日本国际协力中心（JICE）和法国电气工程师学会（SEE）合作，以后每年开一次国际雷达会议，轮流在美、英、日、中、法举行，即后来被希尔所说的"五轮回"（five-cycle）。

## 开启国际交流窗口

1986年11月4—7日，在中国南京召开了国际雷达会议（CICR-86，即RADAR-86）。出席会议的外国代表46人，中国代表150人，交流论文149篇。这是中国第一次作为东道主主办国际雷达专业会议。我作为这次会议筹委会负责人之一，为会议的成功做了些技术准备工作，并详细审阅了几十份准备在会上宣读的论文以及这些论文的英文稿。

希尔先生参加了CICR-86会议，与我有了第二次会面。之后，希尔作为系列国际雷达会议的主席又参加在北京举行的1991年、1996年、2001年和在上海举行的2006年国际雷达会议，与中国同行广泛接触。为了表达我们之间二十多年的深厚友情，希尔在参加2006年国际雷达会议

---

① 希尔回忆说："张直中是南京电子技术研究所的总工程师，也曾是中国电子学会雷达分会的主席，他曾率团参加RADAR-80并在会上概述了中国的雷达成就。作为大会主席，我主持了一个联谊会，招待中国代表团。会上我认识了许多工程师，至今他们仍然是我的好朋友。2003年在合肥召开'中国合成孔径雷达会议'，会上我与张教授再次见面，这是多年以后愉快的'重聚'。……1980年，一个历史性的时刻，张教授在谈话中所表达的'希望'正在真正地变为现实：'我们科学研究机构和学会之间宝贵的相互交流，以及个人之间的相关接触，毋庸置疑地会增强我们之间的相互了解与友谊。'"（《雷达与探测技术动态》2011年第一期，P4）

（RADAR－2006）上海会议期间，特别用中、英文给我书写了一张问候纸条，还附上了我们俩1980年在美国华盛顿和2003年在中国合肥的两张合影照。

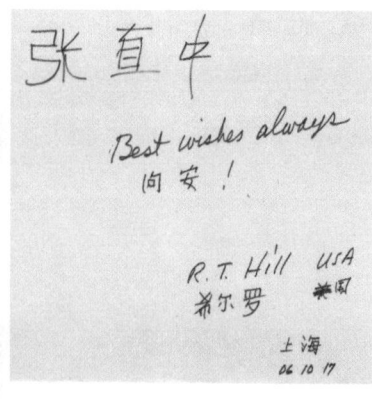

2006年，希尔用中、英文亲笔给张直中书写问候纸条

巴顿是美国著名的靶场精密测量雷达专家，著有《雷达系统分析与建模》（Radar System Analysis and Modeling）、《雷达系统分析》（Radar System Analysis）等专著。1972年被推选为美国电气电子工程师学会（IEEE）会士。他也是1980年国际雷达会议（RADAR－80）组委会成员，当时服务于美国大型国防合约商——雷神公司（Raytheon Company）。我的报告引起了他浓厚兴趣。1986年，他特地走访了十四所，就单脉冲精密雷达的有关技术与我进行交流。

1980年国际雷达会议期间，大会主席R.希尔（右）会见张直中（照片由希尔提供）

2003年在中国电子学会合成孔径雷达（CIE 2003 SAR）合肥会议期间，希尔与张直中再次见面（照片由希尔提供）

1980年9月美国国防部代表团访问十四所（后排左3张直中）

我们从美国回来两个月之后，美国电气电子工程师学会宇航与电子系统分会（IEEE/AESS）组织了由美国乔治亚技术研究所、洛克希德公司、西屋电气、通用电气、RCA、ITT、雷神公司、乔治华盛顿大学等机构的10位专家、

1980年9月，张直中在十四所接待美国国防部代表团（右2张直中）

学者组成的雷达访问团回访了中国。访问团访问了北京和南京等地,与中国同行进行了学术交流。我主持了中美学者在南京的学术活动。

由于中国打开了和其他国家进行雷达技术交流的窗口,美国经中国政府同意,于1980年9月派出了由国防部副部长威廉·佩里为团长的雷达和微波高级代表团一行10人到中国参观,第一个参观单位便是南京第十四研究所。我见到几位我在美国时认识的朋友。

## 汤永谦、姚文琴伉俪

1980年国际雷达会议结束后,在中国驻美大使馆的安排下,我们代表团一行参观了美国6个研究所和4所大学,与美国雷达同行充分交流、接触。我们走访了美国"海洋卫星"研究所,观看到了即将发射升空的一颗"海洋卫星"(Seasat),了解有关星载合成孔径雷达(SAR)方面的发展趋势。

在纽约期间,我还去拜访了好朋友汤永谦。汤永谦是我们浙大工学院民二十九级级友,不过不同系。他学的是化学工程。我毕业后去了重庆,他留校当化工系助教。我和汤永谦畅谈了很久。1942年他成为浙大化工研究所的研究生。两年

浙江大学玉泉校区永谦学生活动中心

后，考取公费赴美留学。获取博士学位后，他进入美国标准包装材料公司。1967年自己创建了特克里公司，并以出色业绩获得了全美"亚裔商业杰出奖"。他对母校感情很深，捐赠 200 多万美元[①] 在浙大建造了"永谦学生活动中心"。

汤永谦的夫人姚文琴，也是浙大教育系民二十九级毕业生。1944 年，汤永谦赴美深造后不久，姚文琴也去了美国匹兹堡大学。我们在重庆的同学曾聚餐欢送她。1950 年，姚进入联合国纽约国际学校任幼儿教师，长期担任幼儿教育

1944 年，张直中等浙大同学在重庆送姚文琴去美（右3张直中，左2姚文琴）

国际联合会（NAYEC）、儿童早期教育组织（OMEP）、幼儿教育纽约州联合会（NYSAEYC）等协会的专业成员。在联合国工作，收入是不要纳税的。

## 《现代雷达》杂志

《现代雷达》是我们研究所主办的科技刊物，它的前身是创刊于 1961 年的《雷达技术译丛》，在 1979 年更改为现名。杂志全面报导国内

---

① 自 1997 年开始，汤永谦、姚文琴夫妇已先后捐赠 600 多万美金和 500 万元人民币给浙江大学，用于浙江大学学生活动中心、教学大楼和文琴艺术总团等的建设，以及学生培养、学科建设等基金的设立。

《现代雷达》第1卷第1期,张直中《现代雷达的性能三要素和新体制新技术》为首篇论文

外先进雷达技术,紧密跟踪雷达技术发展热点,目的是为了推动中国雷达技术发展,赶超世界先进水平,因此,杂志在国内雷达界有较高的知名度。我喜欢将自己的研究心得和学术论文交给该杂志发表①,我一直是杂志编辑委员会的顾问。

为了改善机载微波雷达地形测绘时方位向分辨力,1950年代人们开始研究合成孔径雷达的理论和实验,合成孔径雷达是指雷达移动被测物(地面)固定得到地形的清晰图像。1960年代人们根据合成孔径的理论和实践,发展了在一定条件下雷达固定目标物移动获得清晰图像的理论和方法,有人称这种方式为逆合成孔径雷达。1970年代,通过理论上进一步的发展和深入探讨以及大规模集成电路和大容量高速电子计算机的问世,使微波成像雷达得以实现。虽然合成孔径、逆合成孔径和成像雷达的基本原理是一致的,但具体的工作方式、影响性能的各种因素以及信息处理和获取图像的方法则有所不同。

---

① 自1979年至2009年的三十年间,《现代雷达》刊载张直中撰写学术论文26篇。《现代雷达》创刊号没有发刊词,首篇论文是张直中撰写的《现代雷达的性能三要素和新体制新技术》。1991年第二期发表的《多普勒波束锐化(DBS)理论和实践中若干问题的探讨》被中国电子学会评为该会1992—1995年优秀论文。张直中的最后一篇《机载SAR对动目标三维成像方案的分析》发表于《现代雷达》2009年第一期。

为此，我在《现代雷达》杂志上开办"合成孔径、逆合成孔径和成像雷达"学术讲座，由简至繁，由不同的原理观点至具体的处理方法分六章进行论述。学术讲座稿刊出后，受到了读者的欢迎，杂志供不应求。为了满足更多读者的需求，《现代雷达》杂志社于1986年为我编辑出版了《合成孔径、逆合成孔径和成像雷达》合订本。合订本成了我的第二部雷达学术专著。

"合成孔径、逆合成孔径和成像雷达"讲座，是讲雷达以宽波束小天线和目标做相对运动获得目标成像的技术。这是一个已经得到广泛应用、但仍在继续发展的微波成像方式。1970年代末由美国宾夕法尼亚大学瓦利福奇研究中心（Valley Forge Research Center）开始研发另一类雷达成像技术——大相控阵天线自适应聚焦成像。

1987年2月，我又为《现代雷达》杂志新撰写了一篇学术讲座稿——《大相控阵天线自适应聚焦成像技术》。文稿分为两章。第一章讲用一台较宽天线波束的发射机照射聚焦源和目标，然后用稀疏接收大天线阵先接收聚焦源的回波信号，并作自适应聚焦处理后再对目标的相控扫描成像。我将这种方式称为双基地雷达成像。第二章是探讨两种机载型和一种地面型分散式自适应聚焦大相控阵成像。固态相控阵雷达是很有发展前途的一种雷达形式。我在第二章还介绍了地面大型分布式固态相控阵。由于分布的地域很广，很难精确测准各单元的位置，因此需用自适应聚焦技术。由于固态阵的每个单元天线有它自己的固态发射和接收组件，因此可看作单基地雷达，如果它分散在广大的地域，也可看成是多基地雷达。固态阵成像比之第一章双基地成像的突出优点是它的平均副瓣和最大副瓣可大大降低，因此成像的动态范围可大大提高。

## 机载脉冲多普勒体制

机载脉冲多普勒（PD①）雷达是1950年代初构想出来，"波马克"导弹的高脉冲重复频率（High Pulse Repetition Frequency，HPRF）PD雷达导引头于1953年研制成功。到1960年代，世界各国纷纷开始研制适用于机载的样机并装备在飞机上。真正大批量的研制并生产各种型号的脉冲多普勒雷达是从1970年代开始的。1970年代，中国飞机上虽已装上了雷达，但这些雷达沿用地面雷达体制，因此不能发现低空飞行的敌机。这是由于飞机上雷达在俯视时，地面杂波很强，通常比低空飞机强数十倍至百倍，从而使机载雷达不能发现低空飞机。而此时，国外的军用飞机广泛采用低空飞行战术。由于地球曲率的原因，地面雷达所能发现的作用距离很近。为了解决这个问题，美国研制的海用和陆用的预警飞机，以及在战斗机上都装有能发现低空飞机的脉冲多普勒雷达。

脉冲多普勒是一种新体制，其原理是利用地面杂波本身不动，低空飞机在飞行运动，从而导致两者的多普勒频率不同，因此可采用多普勒滤波方法，去除地面杂波，从而发现低空飞机。但这种脉冲多普勒雷达体制当时在中国尚没有单位能掌握，虽然1978年已有某空军雷达研究所开始研究，但因该体制技术十分复杂，难度甚大，该研究所的进展十分缓慢。1980年初，我作为十四所的总工程师，被国防科委召去北京，接受研制歼击机脉冲多普勒雷达的任务，主持PD体制样机方案论证和技术攻关。

---

① Pulse-doppler，脉冲多普勒。

巧得很，我已在一年前召集起所里少数技术骨干对机载脉冲多普勒体制的一些问题进行了初步研究论证。国防科委的任务下达后，我立即组织更多的技术人员进行全面论证，还加强了多普勒雷达总体室。年底，我就带上已论证出的PD雷达总体方案到北京向国防科委组成的专家评审组进行汇报，得到了评审组的好评，随后科委即下拨经费，进行该体制有关的若干新技术的研究试验。在其后的2～3年，我们发现有些研究试验需端正路线，也发现一些原未想到的新问题需要解决。其中若干元器件需有关的元器件研究所研制，最关键的一项是发射机用的行波管，此任务是交给北京的第十二研究所研制。经过3年的攻关，十四所取得了初步成果，主要有低副瓣平板天线、栅控行波管发射机、数字式信号处理机等，为实战型机载多普勒雷达的研制开拓了前进的道路。十年磨一剑，到1990年代初，有中、低两种重复频率的I型机载脉冲多普勒雷达终于研制成功。经多次在不同地区试飞，军方认为可用。在第十二研究所研制成功双模行波管后，我们十四所又开展了具有高、中、低三种重复频率全波形的PD II型

1983年10月张直中（左一）出席在西安举行的第三届雷达学术年会

雷达的研制。高重复频率的优点是对迎头飞机的频谱落在地杂波之外，因此比较中重复频率落在地杂波之内可观测得更远更早。两种脉冲多普勒雷达搜索敌机的工作方法是，Ⅰ型只有中、低重复频率，我机上的Ⅰ型雷达对高空敌机（天线波束仰视）用低重复频率，对低空敌机（波束俯视）用中重复频率。而Ⅱ型有高、中、低重复频率，对高空敌机用低重复频率，对低空敌机天线波束搜索扫描一个左右来回的其中一次（例如自左至右），用高重复频率去发现迎头飞行的敌机，用另一次（自左至右）去发现尾随飞行敌机。这样，就可使高空和低空的迎头飞行和尾随飞行的敌机均能观测得到可能的最远距离。这可能的最远距离是和天线的尺寸、发射机的功率、接收机的噪声以及信息处理的优劣有关的。1990年代中后期，十四所的Ⅱ型雷达终于研制成功了。

## 《中国大百科全书》中的雷达

1982年5月，中国电子学会第二届第八次常务理事会研究讨论《中国大百科全书·电子学与计算机》的编写事宜，随后成立了编委会，孙俊人副部长任编委会主任，我任编委会委员，主编该卷"雷达"分支学科。这年7月，我主持大百科全书电子学与计算机卷雷达专业学科词条编纂会议。1983年4月，《中国大百科全书》电子学与计算机卷编委会筹备组五次扩大会议召开，通过选条总表（修订稿）、撰写框架条目程序、撰稿人员条件和撰稿须知。除了写"雷达"这一总述条目外，我还写了"脉冲多普勒雷达"、"脉冲压缩雷达"、"马萨诸塞理工学院辐射实验室丛书"等词条。我们参阅了大量的国内外相关文献资料，也结合自己数十年的研究心得，对词条文字逐句推敲，圆满地完成了任务，1986年9月，《中国大百科全书·电子学与计算机》上、下卷，由中国大百科全书出版社出版。

## 《微波成像术》

人一张开眼睛，大千世界尽入眼底，并由头脑的视觉神经细胞成像。如果眼前有一头象，视觉神经细胞显现的印象就是一头象的像，不会是其他东西。在科学昌明的今天，人类用科学技术模拟自然界亿万年进化之功，发明了X射线成像、照相和电视成像、激光成像、红外成像、微波成像、（超）声波成像等技术。在上列成像技术中除超声外，其他都是用电磁波作为传播媒质的。微波成像术，也可称为微波全息成像术，或叫雷达成像术，或信号处理天线成像术。因微波成像既用被成像目标散射的幅度信息，也用它的相位信息，因此是全息的。另外，目标本身不发射微波，因此得用一个微波发射源照射它，才能接收到目标的散射回波而成像；这种方式在微波领域习惯地称为雷达。我以1950年代发展起来的正侧视合成孔径

1990年，《微波成像术》由科学出版社出版

雷达为引子，写了一部书稿《微波成像术》，论述了1980年代发展的相对运动聚焦成像技术和自适应聚焦成像技术，对微波成像技术进行了总结，其中包括我本人在这方面的研究心得和成果。书在1990年2月由科学出版社出版。我在书中指出，相对运动聚焦成像技术和自适应聚焦成像技术这两大类微波成像技术在一二十年内会是持续发展的重点，且必将获得日益广泛的应用。

## "争气雷达"

1984年7月，时任国防部长的张爱萍将军率领中国军事代表团访问美国，与美军方谈妥用美金购买美国装在F16战斗机上的脉冲多普勒雷达数十部，并议定由美国西屋公司（Westinghouse）接此任务，雷达交货时由十四所验收。西屋公司雷达专家于1987年9月到十四所介绍雷达的原理、技术和性能，并说该雷达在空对地工作方式中，原来是包括实波束成像和将成像清晰度提高8倍的多普勒波束锐化。但该专家声明，美国军方已给西屋公司指示，已将对地多普勒锐化8倍的技术去除，不给中国了。我听说后非常气愤，不能容忍这种出尔反尔的霸道行径，决心自力更生，展开机载雷达对地多普勒锐化科研，攻克美国禁让技术，给国人争气。

因为那时我已改任十四所科技顾问，工作不再像任总工时那样繁杂，有时间进行专题科研。1989年，该体制样机试制出来，需要将样机带上天空，做固定方位波束锐化比达12倍的试验。雷达上天测试，在空中需要好几个小时时间，同事们考虑到我年纪大了，劝我不要像以前一样上天，可以交给别人，只要查看记录就行了。我却认为，观察飞行中的数据变化,对自己研究课题至关重要,需要第一手资料。我就是不听从同事和家人的劝阻,执意要与同事们一起上天。没辙,大家只好同意,并找来一位医务室的医生全程陪同。我同大家一起登上了老式螺旋桨飞机在南京上空进行成像实验。飞机在天空转了近四个小时,圆满地完成了测试任务,成功地在显示器上获得了波束锐化的地形实验图片。下飞机时,我面带喜色,精神特佳,而看护我的医生却头晕了。为了更清楚地认识雷达成像照片的分辨率,实验完毕后,我又叫女儿买来南京市区地图进行对比。

1990年,我写了《多普勒波束锐化(DBS①)理论和实践中若干问题的探讨》一文发表在《现代雷达》1991年第二期上。论文被中国电子学会评为1992—1995年优秀论文,同时荣获电子信息技术奖励与发展基金1996年学术会议优秀论文奖。

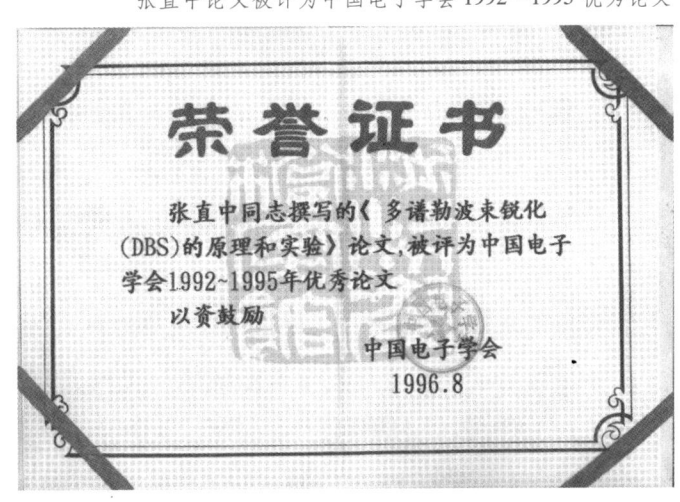

张直中论文被评为中国电子学会1992—1995优秀论文

---

① Doppler Beam Sharpening,多普勒波束锐化。

我们的机载雷达总体和信息处理研究，经历了多次失败和改进，于1989年顺利通过了国家的鉴定，1990年代末，终于实现了在某型号机载雷达上获得了比美国西屋锐化8倍更高的对地多普勒锐化的效果。在一次军品展览会上，时任军委主席的江泽民称它为"争气雷达"。

## 863 高科技项目

自1980年代起，我就开始了合成孔径雷达的研究，在1980年国际雷达会议（RADAR-80）开会期间，我参加了合成孔径雷达分组的学术交流活动，专程访问了美国"海洋卫星"研究所，了解星载合成孔径雷达（SAR）方面的发展趋势。1985年起，在《现代雷达》杂志上，我开办了题为"合成孔径、逆合成孔径雷达和成像雷达"学术讲座，向读者详细介绍合成孔径雷达的基本原理、它们的不同形式、它们的二维分辨力以及耦合和模糊等限制因素、它们的功率、运动补偿、光学和数字处理等内容。

1988年，为了发展我国雷达新技术，我决定对难度比较高的成像雷达进行专项研究，为此，我接受了国家高科技"863计划"项目——"逆合成孔径雷达（ISAR）成像"这一研究课题。当时我是西安电子科技大学的兼职教授和博士生导师，带领两名博士研究生进行了该课题的研究。成像的主要难点是复杂形态物体（飞机或模型）在转动或飞行前进时（前进时必有转动分量）如何对行动进行补偿。我们先用了近两年时间对转台上的模型飞机成功地进行了成像。到了第四年，已对在空中飞行的飞机获得了成像。1992年12月，电子工业部授予我"逆合成孔径雷达运动补偿和成像"科技进步一等奖。2006年10月，《中国电子科学研究院学报》又刊载了我的新作《逆合成孔径雷达（ISAR）成像》。论文介绍了以各有代表性模型飞机、真实飞机中的直升机和民航机作为活动目标，用固定雷达对它们进行的成像，还介绍了对两架圆周飞行的飞机进行的瞬间双机成像。

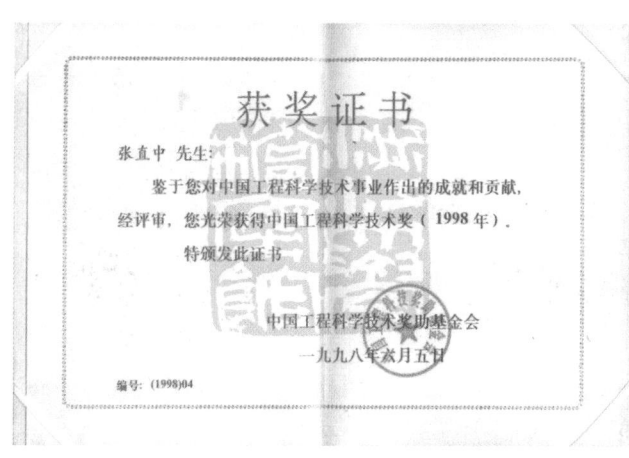

1998年张直中荣获第二届中国工程科学技术奖

2004年5月时任国家主席胡锦涛在十四所接见张直中

## 机载和星载合成孔径雷达

合成孔径雷达是一种先进的微波对地观测设备,具有全天候、全天时工作的特点,对地面植被有一定穿透能力,能获得类似光学照片的目标图像,在国民经济和军事应用领域有着十分重要的作用。世界上技术先进的国家都在大力发展合成孔径雷达技术。我国合成孔径雷达技术的研究也取得了重大进展。"九五"以来,机载合成孔径雷达技术取得了突破性进展,星载合成孔径雷达也取得了一定的成果。我一直关注着机载和星载合成孔径雷达的最新发展,经常到十四所图书馆、阅览室查阅最新文献,消化研究,紧密跟踪合成孔径雷达技术的最新动向,发表了不少相关论文。我的第四部专著《机载和星载合成孔径雷达导论》就是在这些论文的基础上于2003年汇编而成的。时任十四所所长左群声为书作序。

2003年3月,我接到了中国雷达行业2003年度雷达信息产业发展战略研讨会征文的通知。通知说,为了在充满风险和挑战的21世纪,担负起实现推进现代化建设,完成祖国统一,维护世界和平与促进共同发展三大历史任务,需要提高雷达等电子信息技术和装备水平。

张直中第四部雷达专著《机载和星载合成孔径雷达导论》书影

通知书约我撰稿，为国家、为行业发展献计、献策。我于2003年4月28日，提交了《在"十一五"信息与电子领域着重开展卫星侦察及机载SAR/MTI》的建议书，指出：近十年来，合成孔径雷达新技术的发展突飞猛进，主要在合成孔径雷达/动目标显示（SAR/MTI）和三维合成孔径雷达（3D-SAR）两个方面。2004年7月，我又向上级部门提出发展SAR的建议：在X波段卫星SAR上天后，研制一架（或两架）有人驾驶的飞行高度10千米左右的相控阵天线飞机，用数字波束形成法形成3~5个波束，与卫星配合作双基地SAR，验证除固定目标成像外能对地面动目标（GMTI）成像和跟踪。

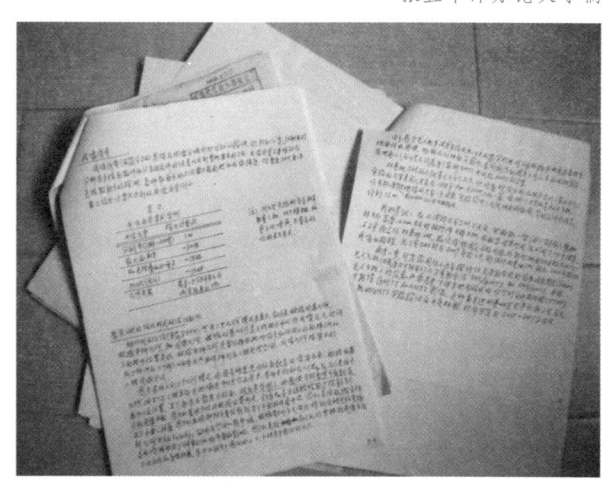

张直中部分论文手稿

我这个人性格开朗,不大发火,所以身心健康。"文革"中,曾经被挂黑牌子示众,心里总想没什么,自己没干过坏事就问心无愧,后来不就自然平反了吗! 一些当时参与批斗我的小将后来又成了我的同事和部下,我从不计较他们当时冲动、过激言行,一如既往地与他们合作共事。凡事想得开些,任何事情都会有转机的。

# 第10章
## 荣誉·责任·心态

## 晋职与入党

我曾在1963年向党组织递交过入党申请书。由于"文革"等缘故，我入党夙愿没能实现，"文革"结束，全国科学大会召开，科学春天来临，我这个花甲之人也焕发了青春。我再次向党组织递交了入党申请书。1979年，可谓双喜临门，年初升任为十四所总工程师，年尾加入了中国共产党。入党时，我向党组织表示自己虽然已经62岁了，要把62岁当作26岁去工作，把一切献给党，献给祖国的四化建设。

在此前一年的1978年，中国电子学会重新恢复活动，11月成立了雷达专业委员会第二届委员会，我被选为主任委员，副主任委员有陆大绻、柯有安等。学会机构挂靠于第十四研究所。江苏省电子学会恢复活动后，我任副理事长，1984年又当选为第三届省电子学会理事长。

1978年11月,张直中当选为中国电子学会雷达专业委员会主任委员(前排左5张直中)

1984年,张直中当选为第三届江苏省电子学会理事长

## 博士生导师

由于"文革"十年的耽误，我国与发达国家之间在科技领域内本来已经逐步缩小的差距又拉大了，与此同时，我国科技人才也出现了断层。为了加速我国雷达人才的培育，1978年，十四所建立了国家授权的硕士培养点，我开始招收硕士研究生。先后指导过8名硕士生。自1983年我辞去研究所总工程师职务改任十四所科技顾问后，就有时间外出讲学。1983年，我接受了北京工业学院（现北京理工大学）兼职教授的聘请①。之后又分别接受了国防科技大学、西北电讯工程学院（现西安电子科技大学）和成都电讯工程学院（现电子科技大学）的兼职教授的聘请，和西安电子科技大学的博士生导师的任命。

1987年，张直中去北京工业学院讲学，在图书馆楼前留影

我每年都带上手提电脑去北京、成都和西安的上述院校进行两次雷达科技方面的专题讲座，介绍自己的最新研究成果和国外的最新研究动态。讲稿都做成了电脑PPT，不再需要上黑板写板书了。每次都有两周时间，授课对象为硕士研究生和博士研究生。我认为青年是未来祖国强盛和人民富裕的寄托，特别是大学以

---

① 北京工业学院同时聘请了电子部的罗沛霖院士为兼职教授。

上的高级知识分子,是紧缺资源,更应着力和加速培养。因此我愿意为此不辞辛劳地奔波,直至 1994 年,因当时老伴有病卧床多月,才终止去各校讲学和带博士生。我指导的博士生孟静、肖健华和汪学刚分别于 1991 年和 1992 年毕业于西安电子科技大学。孟静的博士论文是《逆合成孔径雷达 ISAR 成像与运动补偿》,肖健华的博士论文《逆合成孔径雷达成像》[1],汪学刚的博士论文是《机载预警雷达中的时空二维信号处理方法》。1991 年 11 月,我还在南京理工大学开办过三天学术讲座,讲了"相控阵的概念与应用"、"宽带相控阵雷达的战术优越性"、"一维稀疏线阵、二维成像"、"时控转换信号处理相控阵"、"合成孔径雷达"、"逆合成孔径雷达"和"机载脉冲多普勒雷达"等内容,反应不错。

1992 年 5 月,西安电子科技大学肖健华(左)、汪学刚(右)通过博士论文答辩,与导师张直中合影

---

① 肖健华,1983 年秋考取张直中的硕士生,1986 年毕业,工作两年后,又成为张直中的博士生。在老师的指导下,肖健华完成了"逆合成孔径雷达成像"重大课题,获得 1992 年"电子工业部科技成果一等奖"。

## 工程院首批院士

1994年5月，由于老伴跌伤导致腰椎压缩性骨折，我当时在深圳陪护她已有3个月。突接南京第十四研究所领导电话，要我去北京，说有要事，但未说明何事。不得已，第二天我就去了北京。住在北京的第十四研究所招待所。一天后电子工业部来了一位局长，告知我国务院批准成立中国工程院，经评选，部属单位我和陈力为两人被选聘为首届院士。1994年6月初，中国工程院召开了成立大会，首批入选院士共66人，另从中国科学院技术科学部中推出30位作为两院院士，96位院士于1994年6月3日在中南海拍了合影照①。

之后，我积极参与中国工程院的院务活动，并举荐了王小谟②和张光义③晋升为中国工程院院士。中国原来没有三坐标雷达，是王小谟第一个搞的。他原来在十四所，是我的同事，后来支援"三线"，到贵州去了。1995年，我提名推荐他为院士。张光义于1984年接替我成为十四所的总工程师，他是搞相控阵雷达的。我提议他为1996年工程院院士候选人。

---

① 2010年，张直中已将合影照捐赠给浙江大学档案馆。
② 王小谟（1938—），上海金山人，雷达工程专家。研究员级高级工程师。1961年毕业于北京工业学院，从事雷达科研30余年，设计研制了多种型号具有国际先进水平的雷达，尤其在三坐标雷达和低空雷达方面卓有建树，曾任中国电子科学研究院院长。1995年当选为中国工程院院士。2013年1月18日，荣获2012年度国家最高科学技术奖。
③ 张光义（1935—），四川泸州人，雷达工程专家，研究员级高级工程师。1962年毕业于莫斯科动力学院无线电技术系。同年回国，历任第十四研究所总体室主任，副所长、总工程师。他是我国第一部电扫描三坐标雷达和第一部大型相控阵预警雷达的主要技术负责人之一，1995年后担任载人航天工程中所需的三部大型精密跟踪雷达和一部相控阵雷达的总设计师，1997年当选为中国工程院院士。

80岁之后,我仍去北京参加院士大会。我与吴祖垲①院士常联系,同去北京开会的。吴祖垲是真空电子技术专家,1977年奉命去咸阳筹建陕西彩色显像管厂,并担任过总工程师一职。

中国工程院成立暨首届院士大会合影(2排左8张直中)

# 申仲义奖

申仲义比我小几岁,他是我的领导,也是我的同事。我在十四所的若

---

① 吴祖垲(1914—),浙江嘉兴人,真空电子技术专家。中国日光灯、电子束管产业的开拓者。1995年当选为中国工程院院士。

干贡献，得益于他的支持和鼓励。申仲义的父亲申伯纯在北大读书时与邓中夏、张国焘等同学交往甚密。1936年，申伯纯在杨虎城将军麾下任政治部主任。申仲义英文蛮好的，俄文也不错。有一次我和他在北京听一位以色列专家用英语讲学。结束后，申仲义和我讨论那个以色列人的讲学内容，我很钦佩他的英语水平。申仲义年轻时就跟着哥哥去了延安，进入通信学校学习无线电技术。延安电台是英国人搞的，台长是英国人。申仲义就在延安电台工作，跟着英国台长学英文。解放后，他又开始攻读俄文，1959年，他带领几个已有3~5年实践工作经验的大学毕业生去苏联244研究所实习。在苏学习期间，他认识到雷达抗干扰、抗摧毁的重要性和紧迫性，回国后立即起用了一位姓黄的年轻技术骨干建立了雷达抗干扰、抗摧毁研究室。

我从重庆调到南京，时为军代表的申仲义接见了我，并向我介绍了十四所的情况和工作，不久他成为十四所所长。当时十四所尚不足200人，也没有加工力量。申所长做了许多工作。其一是大量招收新毕业的大学生，在所内开雷达技术学习班，并要每个老同志带几个新手，通过工作实践积累技术知识和经验。其二是大力筹建试制工厂。雷达是一种较精密复杂的电子设备，没有必需的加工设备和能操作这些设备的技术工人是制造不出来的。申所长认为十四所不能是一个只搞理论性或开发性的科研所，必须将新理论以及开发的新技术用到新产品上，这些新产品必须能装备部队实战之用。因此，必须有研究室和试制工厂两条腿，十四所才能站稳脚跟。他在20世纪50年代和60年代初，花了很大精力抓试制工厂基建和加工设备。例如，建成了103车间，才使110雷达25米天线从图纸转变成实物，也为后来许多大小抛物面天线和平板天线奠定加工基础。其三是加强管理，他要求手下的管理人员去具体了解各个环节的进展情况，向他汇报,听他指示,做到"下情上达,上情下达"。

对民主集中制,申仲义有自己独到的见解:民主是济济一堂各抒己见,集中是智慧汇总后的一言定乾坤,先"一堂",后"一言",这个"一言堂"没错!申仲义身体力行,注重营造"济济一堂"的工作氛围,以利倾听各种意见,从善如流。特别是重大的、技术性较强的建议或决策,他总是亲自召开科技委员会会议,充分听取各种意见后再做决策。

尽管在历史上一度受制于党内"左"倾路线等诸多因素,自上而下地贯彻性决策不可能总是正确无误,但他能以科学精神和求实作风对待,以存疑的态度关注决策的实际执行情况。他白天黑夜地工作并到第一线去调查,一旦发现决策有误时就勇于改正。当发现下面解决不了的问题时,他就亲到现场,与有关人员研究后,给予尽快解决。因此他的威信是很高的,但是,当同志们在工作中犯错误而影响工作进程时,他也毫不客气地给予严肃批评,有的人怕他,背后给他一个诨名"申霸天"。

申仲义

申仲义把国家利益放在第一位,十四所的集体利益放在第二位,把个人的自身利益放在最后,这绝无夸张。有人说申仲义对十四所的职工集体利益不关心,其实他是关心的。但倘若集体利益有损于国家利益时,他是绝对不干的。因此他不像某些领导那样不惜慷国家之慨,去笼络下属特别是其周围的亲信,以换取感恩戴德,吹喇叭抬轿子。申仲义堪称正气凛然。因此,长期和申仲义共事和接近他的人,均敬佩他的人格品德,而并不是感谢他的恩赐。

20世纪60年代,申仲义升任雷达局长兼十四所所长,雷达局是总管国内各雷达研究所和生产厂的主持单位,但他一多半时间仍在南京十四所指挥工作。其中有两个原因:其一是十四所是他一手创建的,从无到有,从小到大,有浓厚的感情;其二是他任局长后,要致力于中国雷达事业的不断壮大,他便以十四所为"老母鸡",为新建的雷达厂和研究所培养和输送骨干。

1970年代,他升任电子工业部副部长兼雷达局长。"文革"结束后,他四处奔波,了解国内各雷达厂和研究所在"文革"中受到的影响,努力拨乱反正,恢复厂和所的正常工作。大概在1985年,他查出直肠癌,开刀切除后,略作休养,即又恢复了在全国奔波,还写了不少有关今后雷达发展的思考和建议。终因劳累过甚,1987年由于癌魔扩散而病逝。他自1950年在十四所任军代表开始,至1987年逝世,这37年时间内,日夜为国家的雷达事业操劳,真是鞠躬尽瘁,死而后已。

张直中1993年获第一届"申仲义奖"

为纪念这位我国雷达事业创始人之一,同时表彰对我国雷达技术的发展和学术繁荣作出贡献的科技工作者,促进年轻一代科技工作者的迅速成长,中国电子学会雷达分会五届一次会议研究决定设立"申仲义奖"。

1993年10月,由雷达分会委员和单位提名和评审,经雷达分会五届常委会批准,在北京召开的中国电子学会无线电定位技术分会(即雷达分会)第六届雷达学术年会上,我获得了第一届"申仲义奖"。我为获得此奖而高兴。当分会主任委员,我的浙大校友张锡熊代表雷达分会向我颁发奖杯时,我更加怀念与我共事三十多年的好同事、好领导。

此后，1998年，我又获得中国工程院科技进步奖，1999年获何梁何利基金科学与技术奖，这些都是对我在雷达技术上的开创性研究工作及在高性能雷达新产品研制方面成果的肯定，也是对我培育年轻科技人员工作的肯定。

---

**何梁何利基金1999年度获奖人员简介**
**科学与技术进步奖获得者　张直中**

张直中，男，1917年4月出生于浙江省海宁。1940年毕业于浙江大学；1945—1947年先后在英国莱斯特（Leicester）大学，英国皇家机电工程兵学院，英国电子和电声公司（E.M.I.）任访问学者；1951年至今，先后任第十四研究所工程师、副总工程师、总工程师、科技顾问；曾任中国电子学会常务理事、中国电子学会雷达学会主任委员、电子部雷达局科技委副主任委员、国防科委电子组科技进步和发明奖评审委员等。

张直中院士是我国老一辈雷达系统专家，是我国雷达技术的开拓者之一，是主持我国多种雷达研制的技术领导人，为我国雷达技术发展作出杰出贡献。他主持研制成我国第一部对空警戒雷达，并投入批量生产，提供防空部队；研究动目标显示技术，取得成果，应用于后来的多种雷达；主持研制我国第一部单脉冲试验雷达，为后来研制成的我国靶场精密跟踪测量雷达奠定了基础。他还主持研究脉冲压缩技术、相控阵电扫描体制雷达总体论证、机械脉冲多普勒下视雷达研究和设计。1998年参与863逆合成孔径成像雷达研究，1992年获部级科技进步一等奖。发表论文三十余篇，著书三本。

## 技术领导的职责

如何与人合作搞科研,我有不少体会。科研和设计工作的成功有四个主要根基,一是对目标性质的正确认识,二是对国际新发展的掌握,三是对国内情况的了解,四是与同志们的真诚合作。根据上述的四种情况,我们可以确定要搞的科研和新产品设计。在科研阶段,具体动手之前,必须先经过定性分析,确认理论上是正确的。实践中各种试验需要定量测定,测定中如果未能达到所设定的定量要求,就要找出原因,加以改进,使其最后达到要求。就雷达的设计而言,根据雷达整机性能的定量要求(通常是比实际提高5%左右),给出各分系统的定量要求,各分系统的定量要求都满足了,整机性能就能达到了。这就是我数十年工作的主要体会,也常以此和青年科技工作者互勉。

我认为,一个技术课题的研究开发,总是由多人合作的。在合作过程中总难免会产生不同意见。我升职为研究所副总工程师和总工程师以后,还要主管许多由别人主要负责的研究课题和整机研制。当一个研究课题由某人负责,在课题刚开始时与他商量讨论,有时就会意见相悖,各说各的理由。但是,研究工作常不能预见以后的曲折,再则,到达终点也未必仅有一条道路,只是远近略有差异。在这种情况时,我经常是支持该课题负责人的做法,因工作是由他负责去做,即便我认为那位课题负责人的思路可能离他所要达到的目的略为远一些,但作为领导要支持鼓励他,相信他定会日夜兼程、努力奋进,要比勉强他走另一条路更快些。但在整机设计中,有些分机主管为了方便他自己负责的分机,提出一些对他所负责的分机有利,但却影响总体性能的要求,这时,我就一定和他据理力争。当然力争之前,我必事先将总体性能分析清楚,以及讲清他的分机某些性能的改变可能会影响整机性能哪些方面的下降。由于负责分机的同志对于这些是不清楚的,因他长时间的职能技术的掌握和积累均是他负责的分机专业,因此只要我把他提出的分机改变会降低整机雷达哪些性能解说清楚,意见分歧一般就迎刃而解。

一个研究课题常需数人至十数人才能完成,一部整机研制常需数十人至百余人(指技术人员)共同完成。因此,工作的成败,进展的快速或迟缓,一半与参与工作人员的技术水平有关,另一半则与参与工作人员之间是互相合作还是互相拆台有关,也就是说对科技人员的道德教育十分重要。对于道德教育,政治领导有责任,技术领导也有责任,且技术领导容易知道两个技术人员矛盾症结所在,比较容易化解。当然不论政工领导或技术领导,自己必先团结合作、实事求是、以情待人、以理服人。这就是我从大学毕业后,七十多年来的工作体会。

## 和睦家庭

我老伴娄世英,是重庆南川人,1926年2月出生,1945年从重庆女子师范学校毕业后,一直在小学工作。经浙大电机系同班同学孙新传介绍,我与她恋爱,并于1949年11月6日在重庆结婚。1951年,她跟随我来到南京,分配在南京师范幼儿园。不久,因酷爱声乐,她考入了华东艺术专科学校声乐专业,学的是花腔女高音。当时学校在无锡,校长是刘海粟,后来该校合并到了南京艺术学院。就在即将毕业的时候,一次咽喉手

张直中夫妇合影（2004年）

术破坏了她的声带，不能再唱歌了，她非常遗憾地从艺术学校毕业。1956年，她去江苏省群艺馆工作，后来单位迁向苏北，她为了照顾我的生活，决定留下来，在南京一所中学当音乐教师。她包揽了全部的家务，把家里安排得井井有条，免去了我的后顾之忧。"文革"时，她又吃了不少苦。后来，她担任了十四所幼儿园园长。2001年10月，我们这对恩爱夫妇被江苏省老龄工作委员会评为"江苏省2001年健康长寿之星"。2003年，老伴因身体不好，需要经常要去做检查。我们俩商量好，不坐所里为我配备的轿车去医院。因为车子是所里配给我工作用的，老伴看病，自己花钱坐出租车去。2006年3月，她因糖尿病病逝。

我们育有雪珍、佩珍和幼珍三个女儿。对子女的教育，我的方法简单。我不赞同过去教育上的老传统，不听话便打手，或吃"毛栗子"①。

---

① 江浙一带方言，意思是旧时长辈或老师把中指蜷起来，用凸出的顶端敲晚辈或学生的脑袋，以示惩罚。

在女儿做错事时,我会先和声和气地向她指出一次和二次。如果女儿第三次还犯相同的错误,我才严厉批评或者打手。我只打手心,不打手背,因为我小时候被老师打过手背,非常疼,打手心不要紧,因为手心上有肉,不会很疼。每当女儿到了十八岁走上工作岗位的时候,我都要和她们进行一次长谈,要求主要有两条:正派、自立。我告诉她们:做人的根本在于品德,没有好的人品,无法在社会立足。我要求女儿工作以后再在家里吃饭就得交伙食费,这一点得学国外,孩子大了,工作了,就不能再依赖别人。我的话,不仅女儿心服口服,连老伴也开玩笑地说,我说得跟"书记"一样好。

我因工作繁忙,平时对孩子的教育都丢给了老伴。她对孩子从小就严格要求,抓得很细。孩子上学回来,她要检查孩子的书包,多一块橡皮也要说清来历,捡了东西一定要上交,让孩子从小养成好习惯。一次她让小

1960年代初全家福(左2张直中,左4娄世英,右1长女张雪珍,左1二女张佩珍,左3三女张幼珍)

女儿去买20斤米,给了3块钱,20斤米是2块9毛8分,女儿把米买回来了,却没有交回剩下的2分钱,老伴就问:"还剩两分钱呢?"女儿说:"买冰棍吃了,我还贴了两分钱呢。"老伴说:"那不对,剩下的钱应该交回来,你要用什么钱告诉妈妈,合理的要求我会满足你的。"

现在中国大部分都是独生子女,他们的"骄娇"二气比较严重,而中国的教育一直有重理论轻实践的倾向,因此束缚了学生的动手能力。动手能力需要从小培养,生活的自理能力、统筹安排学习娱乐的能力都是动手能力的体现。独生子女,包括一些"好孩子"和"乖孩子"自理能力都比较差。一些娇宝宝不仅生活靠父母安排,甚至连学习都要父母督促。没有克服困难、超越自我的经历,是不利于他们将来发展的。然而实践经验需要时间来磨砺,是要靠点滴的积累,不能"速成",所以孩子们需要磨炼。此外,独生子女在家庭的地位一般都比较高,容易养成"唯我独尊"的脾气,这将影响他们与他人的协作和沟通。事实证明,独生子女想要有出息就要能吃苦,因为他们将会独立面对漫长而艰辛的探索之路;如果不去掉"骄娇"二气,他们就可能在暂时的成功或一时的失败点上止步不前。

## 捐资助学

2000年,我和老伴从报纸上看到一条报道,说一位1950年代江苏苏州赴新疆巴里坤县支边的李金发先生,因经济拮据而无法支付分别在两所大学读书的两个女儿学费,他几乎绝望。我就主动与李先生联系,愿意帮助他,立刻为这两个女孩汇去了6 000元钱,支付学费。我们还告诉他,我们决定从自己的积蓄中拿出 18 000 元作为贷学金，分三年发放，让李先生在 2005 年和 2006 年归还。《南京晨报》为此事做了报道。我告诉记者：这笔钱将作为我家设立的帮困基金，在帮完李金发的两个女儿后，继续用这笔钱去帮助其他因交不起学费而上不了学的孩子们。在我和老伴去世后，由我女儿继续做这件事，并世代相传下去。但是，这两个女孩大学毕业后，未能归还这笔帮困基金。为此，我又一次决定改变捐助方式，每年拿出 6 000 元，一年资助两位贫困大学生，每人 3 000 元，不求回报。

2000 年 12 月 19 日，《南京晨报》头版头条报道张直中捐资助学

老伴娄世英去十四所扶贫点江苏泗洪县梅花乡参观时，听说扶贫点有两个成绩非常突出的孩子因为家境贫寒而即将失学。回家后，我们俩商量后，决定包下两个孩子从小学到高中的全部学费，又为孩子们捐了 7 000 元钱。后来，我又从报纸上得到消息，江苏句容一名失去父亲的女学生许亚平考上南京师范大学后，学费还差 3 000 元没有着落，我立刻打电话，表示愿意资助她，许诺在有生之年每年为她承担 3 000 元学费。现在许亚平已毕业并找到了工作。

2007年4月,十四所为张直中祝寿,家乡友人送来"仁者寿"贺匾
(左起二女张佩珍,大女婿顾永盛,周志炎①,张直中,三女张幼珍)

我记得孔子说过:"智者动,仁者静;智者乐,仁者寿。"我的理解是智者好动,仁者好静;智者快乐,仁者长寿。我对"动、智、仁、乐"的解释是除了人要运动,锻炼身体外,还要善于开动脑筋,不断更新知识,要保持乐观向上的情绪,尽可能帮助他人,就能延年益寿。

## "莫生气"

我这个人性格开朗,不大发火,所以身心健康,"文革"中,曾经被

---

① 周志炎(1933—),浙江海宁人,古植物学家,中国科学院院士。张直中表弟。1954年毕业于南京大学地质系,1961年中国科学院南京地质古生物研究所研究生毕业。现任该所研究员。

挂黑牌子示众，心里总想没什么，自己没干过坏事就问心无愧，后来不就自然平反了吗！一些当时参与批斗我的小将后来又成了我的同事和部下，我从不计较他们当时的冲动、过激言行，一如既往地与他们合作共事。凡事想得开些，任何事情都会有转机的。

我老伴信佛，她从一位佛友那里获得了一位佛教大师写的《莫生气》诗。我看了之后，觉得有道理。我还推荐给我的浙大许多校友。你看这《莫生气》说得好不好，一个人就应该把任何事情看透了才行。

### 莫生气

人生就像一场戏，因为有缘才相聚，
相扶到老不容易，是否更该去珍惜，
为了小事发脾气，回头想想又何必，
别人生气我不气，气出病来无人替，
我若气死谁如意，况且伤神又费力，
邻居亲朋不要比，儿孙琐事由他去，
吃苦享乐在一起，神仙羡慕好伴侣！

2011年4月1日，张直中94周岁生日照

# 附 录

我和张总的交往——柯有安

回忆张直中院士科研学术工作——赵玉洁

学生眼中的张直中——汪学刚访谈录

女儿眼中的父亲——张幼珍访谈录

张直中年表

张直中主要著述目录

人名索引

后记

# 我和张总的交往

柯有安[①]

张总是前辈,是长者,我始终把他作为我尊敬的师长之一。我刚参加工作就认识了张总,几十年来和张总的交往难以计数。虽然张总一直在南京工作,我一直在北京工作,但由于各自所在单位有长期的协作关系,我们又都从事相近的研究工作,加上张总和我又经常参加中国电子学会的工作和学术活动,所以联系较多。

初识张直中先生是1955年的事。那时我已提前毕业留校,但由于还有毕业实习和毕业设计两个学习环节待完成,所以我是一边工作一边继续学习。1955年秋,毕业实习开始,我一边参加实习,一边协助实习指导教师工作,参与实习中的许多联系工作。实习地点在南京古平岗的720厂,当时它是我国唯一的雷达厂。张直中先生是厂设计科长,所以和张先生联系较多。那时的张先生大约三十八九岁,比我年长十六七岁,

---

① 柯有安(1932—),湖北武汉人,电子学家。1955年毕业于北京工业学院,历任该校助教、讲师、副教授、教授,研究生部主任、副校长兼研究生院院长。中国电子学会三、四、五、六届理事或常务理事,雷达专业学会二、三、四、五届副主委,《电子学报》三、四、五届编委会副主委,两届美国电气电子工程师学会/宇航与电子系统分会常务理事。有著、译作5种,论文200余篇。

2012年2月,现侨居美国加州的柯有安先生发来电子邮件,解答了笔者提出的问题。《我和张总的交往》是柯先生回答书面访谈的一部分。

我只是一个刚参加工作的年轻人，不过在我眼里他是一个很有学识的长者。我每天到厂较早，张先生亦然，经常能看见他高高的身影，穿着及膝的灰色大衣，迈着坚实的步子，沿着古平岗的坡路，一路走向设计科所在的红色二层小楼。张先生为人平和，操着浓重的浙江口音，讲话慢条斯理。向他请教问题或商量事情，从未见到他疾言厉色过。

1958年，鉴于苏美两国的人造地球卫星已升空，在当时国内形势的激励下，中科院电子所的顾德欢所长和所里一批研究人员陈宗骘、张志诚、陆志刚、魏忠铨等率先提出了探索超远程雷达技术的设想。与此同时，北方的一些高校和南京的十四所也正在积极探索相关的课题。是年秋，当时的主管部委成立了一个领导小组以协调各部门，从科研院所、高等学校和工业部门集中了部分技术人员在北京进行可行性论证。罗沛霖先生具体主持了这一工作，十四所的张直中先生，中科院的陈宗骘研究员都是主要参加者。我有幸也是参加者之一，有了一个向前辈和同行学习的机会。论证涉猎很广，包括大型天线、高功率发射、低噪声接收、信号和信息处理技术等。

1960年，一批来自科研院所和高校的人员集中到十四所，和所里的技术人员一道从事超远程雷达技术的各项预先研究，包括大功率发射机、低噪声放大器和视频积累、梳齿滤波等信号处理的技术实现等课题。张直中先生是主要的技术领导者之一。我的工作则集中在电磁散射能量的性质和利用潜能上，且因工作关系，两地跑得比较多。

1962年4月，中国电子学会召开成立大会，雷达分组进行了学术交流会，张直中先生是分组的主持人之一。罗沛霖先生和许多与会者宣读了论文。罗沛霖先生的论文是《雷达概率关系的若干含义》，其中关于相干积累和非相干积累的论述引起了与会者的极大兴趣，以至会后不久在我校还举行了一次专题讨论会。我在会上宣读的论文是《雷达散射矩阵和极化匹配接收》，论证了只有实现极化匹配，目标电磁散射的能量才能得到最充分的利用。

1964年，张总在十四所主持了相控阵技术的研究。张总经过充分的调研，认定相控阵技术是实现超远程多目标探测的有效途径。我也曾有幸应邀到所做过一次相控阵技术的综述报告。后来十四所还派了一个十人组，到我校参加相控阵技术的实验研究，因此也和张总有较多的联系。

1973年夏，张总来北京国防工业出版社译校《雷达手册》。在那个疯狂的年代，张总在十四所的处境很艰难，一度被诬，总工的职务被剥夺了，被贬去做情报资料的编译工作。我在学校的处境也不好，王中同志的处境略好，由她前往国防工业出版社探视张总，表达我们对他的尊敬和问候。

1976年秋，疯狂的年代终于结束，电子学会逐步恢复了中断多年的学术活动。1978年11月21日，在北京电子部外国实习生招待所重新恢复中国电子学会雷达专业委员会，张总任第二届主任委员，副主任委员7人，我是其中之一。在张总的主持下，会议讨论了专业组的划分、学术活动及学报、丛书出版事宜等；会上还进行了一些学术交流。

1980年初，我受委筹办雷达专业学会的第一届年会。经过9个月的工作，年会将在江西举行。10月16日我来到江西九江，向先一天抵达的张总报告了筹备的详细情况。会议20日正式开始，张总代表雷达专业委员会致开幕词，我向大会汇报了筹备的简要情况。会议进行了4天的学术交流。这是"文革"后第一次的同行学术交流，可谓盛况空前。有诗为证：

江南佳丽地方多，偏选庐岭城一座。群贤毕集南湖园，旧朋新友共切磋。

相逢何必曾相识，共耕雷园谱新歌。待到红日高照时，再攀葱茏舞婆娑。

1982年夏，应张总等的邀请，王中同志赴十四所做为期3个星期的讲学，主讲信号处理中的韧性理论，这是她在美进修的主要内容之一。同年7月29日，在北空招待所召开大百科全书电子学卷编纂会议。张总主持雷达专业学科词条的拟定工作，我受命执笔电子学卷总论的起草工作，同时被分配参加若干雷达词条的撰稿工作。

1982年10月15日，在南京参加中国电子学会第二届学术年会，我是年会副秘书长。16日下午，我在分组会上宣读了《雷达目标的极点识别法》的论文，张总等参加了。19日上午，借会议的间隙，张总主持了雷达专业委员会会议，讨论了1983年雷达年会的筹备事宜，年会决定在西安召开，由西电和西安雷达研究所的同志负责。

1983年5月，校主管接受我的提议，拟聘请罗沛霖院士和张直中总工为北京理工大学名誉教授，我随后也分别征得罗老和张总的同意。6月2日，学校为此举行了隆重的授聘仪式。两人也因此成为我校第一批受聘为名誉教授的国内专家，此前我校所聘请名誉教授都是国外的专家学者。

1983年10月17日，第二届雷达学术年会在西安召开。年会期间举行了雷达专业委员会全体会议，张总卸任，张锡熊总工当选为第三届雷达专业委员会的主任委员，我继续当选为副主任委员（之一）。其间有一个小小的插曲，张总因为一直以来睡眠欠佳，兼以饮食不合，致胃感不适呕吐，第一届专业委员会的工作总结改由雷达局的夏文祥总工宣读。

1984年后的五年，我负担了较多的校行政工作及国务院学位办和教委交办的工作，和张总的交往主要限于电子学会的工作。我们有时在学术会议上、有时在学会的常务理事会上见面。

1986年，第一届中国电子学会（CIE）国际雷达会议在南京召开，开始了美、英、日、中、法的"五轮回"，即今后的国际雷达会议将在上述五个国家轮流召开。张总为会议的顺利召开做了许多工作，特别是稿件的英文审校工作，我作为会议的筹备组成员主要做国内外的联系工作，包括陪同国外同行在十四所的参观访问。1993年，推荐张总作为中国工程院院士候选人，也是经中国电子学会的常务理事会上讨论通过上报科协的。张总的成就是学界公认的。次年，消息传来，张总实至名归地当选为中国工程院的首批院士，也是成果累累、人才济济的十四所获得院士称号的第一人。作为少辈，我由衷地向张总表示敬意和祝贺。

# 回忆张直中院士科研学术工作

赵玉洁[①]

张直中院士走了,中国雷达技术的奠基人就这样走了,就像一次出远差,没有惊动任何人,平平常常地走了,一位对中国雷达和世界雷达有着重要影响的人永远离开了我们。回忆张直中院士在科研工作中的点点滴滴,他那种对雷达技术执着钻研的劲头历历在目,他那操着很重浙江海宁口音做学术报告的场景不时浮现在我的脑海。

## 一、引领着中国雷达技术的发展

张直中院士是我国雷达技术发展的引领人,他在科研工作中非常重视国外先进技术的引进和与我们国家的需求相结合。他是首批到国外系统学习雷达技术的科研人员,也是第一个带团参加国际雷达会议的中国专家,他打开了我国与国际雷达界交流的大门和渠道。在我与老领导严敦善所长一起出差谈到我所专家时,他对我说:"十四所有三种专家,一种是会说会写的,一种是又会说又会干的,还有一种只会干的,老张总(张直中院士)是属于那种会说会写的,小张总(张光义院士)是会说又会干的,十四所这三种专家都要有才行。"他说,老张总喜欢看书,研究国外文献,总是能提出新的技术思想,然后建议我所搞,所以我所搞了很多新的雷达体制,老张总最大的贡献

---

[①] 现任中国电子科技集团第十四研究所科技部预研处处长,研究员。

张直中在十四所办公室工作

就是雷达新体制新技术的发现,在他的领导下一个一个地搞成新雷达,在他手中诞生了诸多中国雷达的第一,第一部中程对空警戒雷达,第一部微波动目标显示雷达,第一部单脉冲试验雷达,等等。

## 二、积极领导和参加学术交流

张直中院士非常重视学术交流工作,他认为学术交流是科研工作的重要组成部分,通过学术交流能够学习他人的先进技术。他曾担任中国电子学会雷达分会主任委员,江苏省电子学会理事长,领导和组织学术交流活动。1980年4月,他率领我国雷达代表团应邀出席了在美国华盛顿召开的国际雷达会议,这是我国首次派代表团参加的国际雷达会议。1986年11月,首届中国国际雷达会议在南京金陵饭店举行,他作为筹委会的负责人之一担任了繁重的技术准备工作。本人作为雷达分会的副秘书长,组织和承办了国内多届雷达技术会议,老张总都能积极撰写论文参加交流,并做了多次大会报告,85岁参加了2002年11月在合肥召开的第八届全国雷达学术年会,并做《干涉法三维合成孔径雷达(3D-SAR)的原理和实例》大会报告,88岁参加了2005年11月在南京召开的第二届中国合成孔径雷达会议,并做《合成孔径雷达(SAR)发展简况》大会报告，89岁参加了2006年11月在南京召开的中国雷达技术论坛会议，并做了《合成孔径雷达（SAR）与逆合成孔径雷达（ISAR）发展概述》大会报告，92岁出席了在我所新区举办的2009年中国雷达技术论坛。

### 三、87岁著书立说，出版《机载和星载合成孔径雷达导论》

张直中院士先前出版了两本专著，一本是1979年由国防工业出版社出版的《雷达信号的选择与处理》，另一本是1990年由科学出版社出版的《微波成像术》。他的后期研究领域主要是研究合成孔径雷达技术，他经常到所图书馆阅览室查阅最新文献，消化研究，紧密跟踪合成孔径雷达技术的最新动向，发表了多篇论文，并于2003年完成了《机载和星载合成孔径雷达导论》的编写。当时我还在所情报室，他将书稿交给了我，看能否出版。书稿是老张总在稿纸上一笔笔写出来的，厚厚一沓，凝结了老张总多年的研究心血。我将此事向左群声所长进行了汇报，左所长非常支持，要求尽快联系出版社出版，并还作了序言。左所长在序言中写道："张直中老师严谨治学和对知识永不知疲倦的钻研精神，深深感动着我，他值得我们年轻人好好学习，也希望更多的科研人员能像张直中院士那样，学习、学习、永远学习，掌握更多的科学知识，为我国雷达事业的发展，为我国电子信息产业的发展作出更大的贡献。"当时，我们正在与电子工业出版社合作出版雷达技术丛书，出版社领导王志刚社长对老张总在87岁高龄写出这样的专著表示敬佩，要求社里务必重视此书的出版，指示邓小瑜编辑尽快完成编辑工作，出版社用了最快的速度于2004年1月正式出版了老张总的第三本专著。

# 学生眼中的张直中 ——汪学刚访谈录

时间：2010 年 12 月 18 日

地点：成都　汪学刚博士寓所

受访人：电子科技大学电子工程学院教授，博士生导师汪学刚

访谈人：钱永红

钱：想请你谈谈你的导师张直中先生教书育人方面的一些情况。

汪：张直中老师是我的博士生导师，老一辈的科学家。他的学术水平非常高，为人谦虚，平易近人，学风严谨。作为他的学生，我很幸运，经常到他家里或者办公室讨论学术问题。但遗憾的是，虽然有这么好的老师，我却没有很好地掌握他所传授的知识。只是在他的指导下，做了些有益的研究工作。

钱：你是什么时间成为张老师学生的？是不是在第十四研究所？

汪：我 1982 年大学毕业后，分配到十四所。在那里边工作，边读十四所硕士研究生。1988 年，我考上了张老师的博士研究生。我是十四所和西安电子科技大学联合培养的博士生①。因为张老师非常谦虚地说，指导博士生怕一个人完成不了，学校就

---

① 1978 年，第十四研究所建立了以张直中为导师核心，国家授权的硕士培养点。1986 年，张直中被聘为西北电讯工程学院（现为西安电子科技大学）兼职教授，并成为该院的博士生导师。

1989年,张直中在家辅导博士生汪学刚

指定了徐文卿研究员,作为我的副导师。徐文卿老师也是我国雷达方面的专家,在机载运行雷达的前期做了很多工作。

钱:你学的是什么专业?

汪:当时学的专业和我现在从事的专业是一样的,叫信号与信息处理。

钱:就是雷达的信号与信息处理?

汪:嗯,对,我们的专业背景主要是雷达,雷达的信号处理。主要学习雷达系统的一些理论和雷达系统的关键技术。我在西电上基础课,毕业论文是回十四所写的。

钱:张老师是如何指导你学习的?

汪:这个指导就非常多了。上完基础课以后,我回十四所选题。张老师的研究范围非常广泛。他认为我的选题要考虑几个方面的问题,主要有博士论文的难度,工作量,更主要的是当时应用的需要。当时我们国家正在考虑机载运行雷达,如空警2000,就是国庆阅兵时能看到的有个圆盘的预警飞机。我们决定做预警飞机所需要的机载预警雷达关键技术研究,也就是在机载运行雷达理论上做研究。这是选题。

钱:他是否推荐你阅读专业书籍?

汪:张老师没有特别推荐看什么书,因为博士生后几年的主要工作是完成毕业论文。我们当年做学生的,如果没有老师的指导,是看不太清楚研究方向的。张老师对国内外的动态,哪些是前沿,有哪些比较成熟的技术,哪些还需要攻关是非常了解的。这就是老师和学生的差别。他要求我先查阅国内外资料,说要知己知彼,不能闭门造车,不要做了别人多少年前就已经做过的工作。在充分了解国内外动态基础上,我们吸收了别人的研究成果,找出了尚未解决的问题。我们确定了研究课题后,张老师就领着我一同研究,一同试验。很多具体工作都是我们一起完成的。

在撰写论文的过程中,张老师也给了非常多的指导。我经常去他的办公室讨论问题。他学风严谨,思路清晰,细节入微。如张老师讲到分贝(dB)时,我随手就写了 DB 两个大写英文字母。张老师马上说我写得不对,不符合惯例,应该是小 d 大 B。一般来说英文字母要大写就都大写,要么就是前面大写后面小写,这个 dB,是前面小写后面大写。我现在到这里来教书,也发现有很多学生犯了我当年同样的书写错误。我当然也是及时加以纠正。又比如,分贝的计算,有的时候需要求倍数,20 倍乘个对数,有的是 10 倍乘个对数,这个我们以前一直没有完全搞懂的,他就告诉我什么时候是 20,什么时候是 10。

他对雷达脉冲压缩技术非常有研究,我们机载运行雷达项目也要用到这个技术。我当时与很多人一样都以为雷达脉冲压缩可以提高作用距离,他纠正了我们的错误概念,说脉冲压缩只能提高分辨率,但不能提高作用距离。

从最基本的概念,到较为深入的课题,张老师都是认真地加以指导。我跟他合作写过两篇论文,在推公式方面,他要求一步一步地进行,哪一步不清楚都不行。只要论文的推导过程不清楚,他都不让发表。我的毕业论文从头到尾,他都付出了很大的心血。因为实事求是说,我们所要做的研究,涉及的技术是大家原来没接触过的,之所以要做很多的研究就是因为一些关键技术我们原来并不了解。

钱:在张老学术资料中,我找到了你和张老,还有徐文卿老师,共同发表的两篇论文,一篇在《现代雷达》上,还有一篇在《电子学报》上,那就是你所说的选题?

汪:是的。张老师在指导我做博士论文时,就规定了章节,选出几个关键技术问题,从这些关键问题着手研究,当每一个问题研究到一定程度,有一定结果后,我就跟张老师商量,做个仿真,在有一定的突破后,我们就整理一下,写成论文。我们大家在一起共同商讨论文的写作思路,由我执笔。这些论文从形式到内容,张老师都给予了精心的指导。刚才前面说过的,论文发表之前要给他看,他说过论文投出去之前一定要非常谨慎,不能出错。他真的是非常仔细,一字一句,每个标点符号都要斟酌,徐老师也是一样。我先让徐老师给我改,张老师再仔细地看,觉得没有问题了,再投出去。

钱:你刚才也说了,张老师对国内外雷达发展的最新动态非常敏感。他经常研究国外雷达的期刊,并把其中的精华运用于自己的研究之中。

汪:这就是大师和一般普通人之间的差别。张老师不仅对国内情况了如指掌,对国外情况也是心中有数。1980年代初,张老师就代表我们国家第一次参加国际雷达会议,并在会上做了"中国雷达技术研究发展概况"报告,引起了很大反响。一直到2003年,中国合成孔径雷达会议(SAR)在合肥召开,已经快九十岁的张老师还特邀做了个报告,并与国外专家技术交流。他讲的都是前沿科技以及自己的研究心得,反响热烈。那次会议我因为别的事没有去成,非常遗憾。

钱:你认为他的雷达研究有哪些独到之处?

汪:张老师一生与雷达结下了不解之缘,在他的一生中,为我国创造了很多个第一,他是我们国家最早接触雷达的学者之一,是我国雷达界的先驱。从显示雷达,到脉冲压缩雷达,相控阵雷达,单脉冲雷达,还有成像雷达微波成像,到现在,这些方法都在广泛应用,而且有些还在不断地发展,如现在很热门的成像雷达。他在这些方面都有非常独特的研究。张老师是中国工程院的首批院士,现在已是资深院士了。我们向他学的都很有限。因为我深感自己不够勤奋,没有像张老师那样。

钱：他可是一直在夸你呢。

汪：张老师非常谦虚，平易近人。有很多例子，比如，2006年，张老师90岁生日，我和我爱人本来要到南京去给他祝寿的，并电话告诉张老师我们的计划。张老师听了非常高兴，说一定要去机场接我们。那时他已经是90高龄了，我就说，张老师你千万不要去机场了。但他坚持说一定要亲自去接。虽然祝寿活动因故取消了，但我们还是非常感谢他的热情。

我经常会到南京出差，我爱人就是南京人，我们经常到张老师家拜访，就像是走亲戚一样。每次我们到他家里，他不仅在学术上给我指导，娄阿姨（张师母）还给我小孩买衣服啊什么的。

另外，他不仅要求学生在学术研究上精益求精，在怎么做人方面也是严格要求。我印象最深的一次是，我刚到十四所，因为那时年轻，血气方刚。进十四所大门规定要拿工作证，但门卫执行时不是非常严格，有时候要拿，有时候不要拿。我有一次有急事，急着进去，在我前面进入的人没有让拿，但到我要进时，门卫却要我出示工作证，我不服气地说，前面那人也没让拿。我没给门卫拿，就冲了进去。门卫想拦住我，我又说了句很不好听的话。此事被张老师知道了。第二天，我正在机房上机，做仿真，张老师就到机房，坐在我边上和我谈了一个小时，非常严厉地批评我，说自己没有把学生教育好。他很严肃地对我说：你一个博士生怎么能对门卫这么无礼。我后来感到非常内疚。我这个人脾气是有些急躁的，每当遇到事情，我都回想到这件事。

钱：他因为这件事，和你讲了一个小时？

汪：是的。我的师姐孟静也跟我说了一件事：张老师学术严谨，非常守时，有一次，师姐在约好的时间拜访张老师，却发现张老师有点不高兴，也不知道什么原因，最后张老师说：孟静，你怎么晚来了一个小时呢？孟静说：没有啊。张老师又说：约好2点钟，你怎么3点才来？后来才知道，那时候有夏令时，刚好那天改到夏令时了。大家都笑了。张老师还是认真地说：不管和谁，什么事情，约好的时间一定要准时。细节上出问题，会对我们的工作产生影响的。在正式的场合我们都必须注意守时，不守时就是对别人不尊敬。

钱：在张老师的雷达人生中，除了上面说到的，还有哪些是值得后辈学习的？

汪：一个是踏踏实实做学问，更重要的是好好做人。他们老科学家有很多优秀品质值得我学习。他的教诲让我们终生受益。现在很多年轻人有点成就，就表现出趾高气扬。我接触到的许多老科学家，张老师也好，保院士（保铮院士，任教于西安电子科技大学），都是非常谦虚的，和他们谈学术，他们从不是居高临下，而是平易近人，即使你说的有问题，他们态度也很谦虚。这都是我们值得学习的地方。

钱：学术研究之外，你们是不是也会闲聊一些其他有趣的事情？

汪：在上学的时候，不敢和他谈趣闻轶事什么的。我们见他是很紧张的。我是1982年到十四所，一去就听到别人说张老师赫赫有名，我成为他的学生后，才有机会和他有亲密的接触，平时的趣事不敢同他说的，后来觉得他是个很随和的人。毕业以后，我们在一起处得很轻松。你想，他是国内一个很有名的雷达专家，又是院士，我们是无名小辈，跟他在一起的时候还是很紧张的，不敢跟他闲聊，对他还是有点敬畏的。后来，才开始熟悉了。我们到他家去就像走亲戚一样。2004年，张老师和娄阿姨来过一趟成都。那年他已86岁高龄，是到成都132厂参加中央电视台《同一首歌》节目的录制。我们在成都见了一面。张老师对我的家人也很关心。我妹妹在南京，当时她没有工作，妹夫在外资企业，我外甥上幼儿园就有问题。张老师知道以后就跟娄阿姨说，想办法解决一下，说要不然两口子怎么上班啊。后来就解决了，去了十四所幼儿园。

钱：你毕业以后，是留在十四所，还是离开了？

汪：当时博士毕业以后，就到成电（成都电子科技大学）去做博士后，我原想到十四所做博士后，当时张老师也想推荐我做博士后，结果未能如愿。张老师很开明地对我说，哪里对你的学术发展有好处，就到哪里去。

钱：我听张老讲，你现在自己在雷达研究方面也小有名气，也带博士生，他感到很自豪。

汪：我前面也说了，我没有学到张老师的本事。我带过的博士生，毕业的有十多个，在读的有十个左右。

钱：和你交谈，我也感觉到张直中先生的确是雷达方面的大师，他的治学精神和方法值得我们继承与发扬。谢谢！

2004年6月，张直中夫妇与汪学刚夫妇合影于成都（右2张直中）

20 世纪中国科学口述史
The Oral History of Science in 20th Century China Series

# 女儿眼中的父亲——张幼珍访谈录

时间：2010 年 12 月 3 日下午

地点：南京第十四研究所人力资源部

受访人：张幼珍（张直中三女儿）

采访人：钱永红

钱：你是张直中院士的小女儿，张院士在与我交流时经常会提到你和你们的和睦家庭。请问：在你的印象当中，你的父亲是什么样的一个人？

张：从我们子女的角度来说，我父亲是一位很慈祥的，性格很温和的一个人。当然他也有严格的一面，如在我们小时候，在教育方面，他就很严格。我小时比较顽皮，有时候会不做功课，还逃过学。这时候，我父亲会严厉地批评我，还打过我的手心。

钱：我好像听他自己讲过。

张：他说第一次、第二次都是批评，然后同样的错误犯第三次的时候，就要打手心了。

钱：噢，你被打过？

张：我被打过，因为我是家里三个女儿中最顽皮的一个，我挨打是最多的，但是他是很讲道理的，比较讲究教育方式。他对我母亲和我们，非常关爱，表现方式却是与众不同的。他的情感不外露，表现平淡，不是那种浓烈的。我觉得他一生，最专注的还是自己的事业——雷达事业，我感觉不出他有什么其他特别的爱好，不太像其他老年人喜欢画画，或者做一些其他事情。他一天到晚在家里只是看书，看专业资料。他的兴趣就在这一块。

钱：有的时候我看到他在看电视剧。

张：晚年时，他喜欢看电视剧《三国演义》或者二战之类的片子。

钱：我有一次去你家，他正在看足球，而且很专注。他对世界杯很感兴趣的，对一些足球明星了如指掌。

张：体育方面，他只喜欢足球。

钱：好像他还在看外文小说。

张：对，外文小说喜欢看原版的，如《飘》和《双城记》。他看英文小说，都是老了以后才有，在此之前我没有见过他的这个爱好。报纸方面，他说其他报纸都可以不订，而 China Daily（英文版《中国日报》）是一定要订。我觉得他这样做有好处，老了还在动脑子，不会出现老年痴呆呀什么的。

钱：他的精神生活还蛮丰富的。

张：对，他自己的精神生活是比较丰富，就是不爱表现，不与家人共享快乐。我们在家很热闹地说话聊天，他从来不参与，就管他自己的事情。我妈妈很喜欢与我们闲聊，但我爸爸总是坐在一边看他的书。

钱：平时他在家里就是写论文、看资料？

张：对，在家里，他就是看看资料写写文章，一直到生病才停止，大概是到 2008 年吧，因为他 2007 年还在写东西。

钱：我这里拿到他 2008 年写的一篇论文，在《现代雷达》上面发表的。

张：他近两年，老是住医院，就不太方便写东西了。在那之前，他可是一直都在研究。以前我还看他给十四所所长写写什么建议呀，比方说我们所要如何发展，他有了想法他就写。有时，我会"讽刺"他，我说你都那么老了，写的东西没人看了。他可不是这么认为。他认为他看到、想到的好东西，对所里有好处的，他就写下来交给所里，采纳不采纳没关系，这就是他的理念。

钱："文革"的时候他受到一些不公正的待遇，你还有没有印象？

张：有，印象很深。因为那时候我刚上小学。我上的小学是研究所子弟小学，就在办公区旁边。上学的路上，我要路过办公楼的门口，有时看到我爸爸等都在那儿挂着牌子（张直中院士挂的牌子写有"埋伏得很深的特务"）批斗示众，所以我经过的时候都把头低下来，很害怕的。

钱：那时他有没有看到你呢？

张：他是看到的，但是他也只能视而不见。那时候自杀的人挺多的，他被关起来，然后什么鞋带、裤带都收掉的，很厉害。那个时候，他们都关在楼上。我有好多同学的父亲受这种冲击，有跳楼的、有上吊的。我后来问过我爸爸，那时候有没有想到过自杀。他说他没有，他认为自己没有问题，事情一定会搞清楚的，他还是有信念的。我觉得他能做成许多事情，跟他的信念是很有关系的。

钱：那是不容易的。"文革"期间是非颠倒，只有自己挺住了，才能保住家庭。

2010年3月，张直中在二女张佩珍和三女张幼珍的陪同下参加江苏浙大校友会纪念竺可桢诞辰120周年纪念活动（中张直中，右张佩珍，左张幼珍）

张：是的，因为那时候我还小，爸爸被关起来的时候，只有我母亲一人照顾我。后来母亲也受牵连，被送往农村，那时候叫"五七干校"，才把我爸爸放回家。因为那个时候我还小，生活不能自理，全靠爸爸照顾。那时我就觉得爸爸非常乐观。

钱：那时，他是不是要去挖防空洞？

张：是的。那个时候不关牛棚了，就去挖防空洞。

钱：那么，好像后来没多长时间，1973年还是1974年，他就去北京翻译《雷达手册》？

张：对，那时候让他工作了。

钱：在这个行业，他受到的冲击是不是还算小的？

张：是的，算小的。

……

爸爸是很坚强的。我大姐在"文革"时经受了很大的刺激，后来精神出了问题。我们家住3楼时，她有两次从3楼跳下来，跳下来都没有摔死，但伤得很严重。住在医院时，我爸爸每天都到医院里去看她，安慰她。

钱：那时是什么时间？

张：那是很早的事。

钱：七几年？

张：不是七几年，应该是1990年代的事。然后他就到医院里看她，因为我大姐摔后住进医院，有一次脑子都摔坏了，智力跟幼儿一样的。我爸爸就用小学的课本，从字母开始教她，就这样慢慢教她。我是非常佩服我爸爸的，他毅力真是了不得。你想一个家庭如果说这样的打击，是连着来两次，而且相隔时间不长，大概就是两到三年的时间，一家之长需要承受的精神压力是难以想象的。而我的爸爸却能很平静地应对。要是没有我爸爸，我妈妈就可能精神崩溃了。

钱：你对他去美国讲演有无印象？1980年到美国去讲演的时候，他那时的心情如何？

张：那个时候我好像也没感觉到他特别激动。

钱：因为他的演讲，把中国雷达成就公布于世上，影响很大。

张：是的，我就是说他的情感是不外露的，就是那个时候要到美国去，要代表中国参加国际雷达学术会议，他还是很平静，没有流露出任何很兴奋的情绪。1994 年，领导突然叫他去北京，他就去了，之前并不知道自己已当选首批工程院院士了。反正我觉得他就是一个荣辱不惊的人，从容地对待每一件事情。"文革"的时候也没有惊慌失措。

钱：能选上院士是很了不起的。他在晚年依然是精神饱满。

张：他就热爱雷达事业，他所有的兴趣就在这个上面，没有其他的。

钱：1984 年，他在上海被车子撞倒，他没有过多追究肇事者的责任。

张：是的。那个时候相对来讲，他还算年轻，70 岁不到。那次车祸是很严重的，他做了三次大手术，但他很从容乐观。最让我吃惊的是 2007 年他因肺栓塞住院。当时病情极为严重。因为他肺栓塞，栓塞了很大一块。呼吸非常困难，缺氧，嘴唇都发紫了。我那时心慌得很，说实话腿都发抖，是那种感觉。医院请了很多专家来会诊，都说很严重，随时都会恶化。医生给出了保守疗法和激进疗法两个建议。保守治疗有可能就是等死。激进疗法就是立刻手术，但是做手术，有几种危险，一个是把他从床上搬到手术台上，在这个过程中就有可能吃不消，他就过去了。当然还有可能是手术不成功，他下不了手术台。医生说做手术如果成功的话，就会有希望，保守治疗呢，就认定为肯定没有希望。医生征求我意见时，我没了主意，只能去问爸爸。然而，他坚决地说要做手术。我就跟他说，医生讲的把你从床上搬到手术台上你可能就不行了，爸爸说没有关系，不行了就不行了。我就觉得他对死亡这件事，也看得挺淡漠的，一点也不害怕。他选择做手术治疗。手术成功了。手术出来那天正好是中秋节，有很多人围在他的身边。我们推着他从手术室到住院部病房，在经过一段露天时，他看到天上的月亮，他说，今天是中秋节，辛苦你们大家了！我感觉他真的很乐观，他对生死看得很淡，令人敬佩。

钱：他还做了一件很了不起的事——捐资助学。最早，他是从报上面看到……

张：他一种是看报纸，一种是从电视里听到，然后就主动打电话联系。

钱：第一个捐助的是不是新疆的？

张：那个还不是第一个，我爸爸的捐助已经不知道有多少个了。捐助新疆的是一对姊妹俩。他是这样的：捐助一个毕业了，再去捐助另一个，年年如此。

钱：他一年要捐助两位，是吧。

张：对，现在还没有停止，还在做，然后我有时候会"取笑"他：你也不学学人家的捐助，看看你捐助的学生有的学习成绩不怎么好。他不管，他说：我哪知道他学习好不好，只要他需要，只要是没有经济能力，又想读书的，我就应该去帮助他。

钱：我在资料中看到，他还支持你妈妈的捐资助学行动吧。

张：反正他们每年都有，我都搞不清捐助多少个了。

钱：他们每年的捐助花费都是固定的，可我发现你爸爸的吃也好，住的环境也好，都非常一般。

张：他对这块是不讲究的。我们家，你去看过的，破破烂烂的。

钱：特别是这个地板。

张：他觉得那些都无所谓。只要所做的事有意义，他就会一直做下去。

钱：真了不起。谢谢你！

# 张直中年表

1917 年　4 月 1 日（农历闰二月初十），出生于浙江省海宁县盐官镇。

1923 年　随父母定居上海。

1924 年　就读于上海商务印书馆开办的尚公小学。

1930 年　考入上海东吴大学附属中学。

1932 年　转入上海光华大学附属中学。

1936 年　秋，入浙江大学电机工程学系。翌年 11 月开始西迁。

1940 年　6 月，在贵州遵义毕业，获工程科学学士学位。

　　　　7 月，到重庆电信机械修造厂技术室担任技佐。

1945 年　2 月，作为访问学者奉派赴英国进修，在莱斯特大学（Leicester University）学习超高频和微波理论及其有关实验。

1946 年　春，在英国皇家电机学院学习雷达技术。

　　　　夏，转至英国电子和电声公司学习收音机和黑白电视机制造技术。

1947 年　10 月，乘船回国。

1948 年　1 月，返回重庆电信机械修造厂，继续担任工程师和工务长。

　　　　9 月，兼任重庆大学工学院电机工程系副教授。

1949 年　10 月 6 日，与重庆女子师范学校 1945 届毕业生娄世英结婚。

1951 年　1 月，调任南京雷达研究所工程师。

1953 年　任军委通信部南京第一电信技术研究所设计室主任。受命主持仿制苏式 П-3 警戒雷达。后试制成功第一部国产中程警戒雷达。

1954 年　南京电信修配厂更名为第二机械工业部七二〇厂，任设计科科长。

1955 年　研制成功一批两排八木天线雷达（20 余部）和四排八木天线雷达。

1956 年　赴北京参与国家十二年科学技术发展远景规划的雷达技术部分。
冬，任二机部七二〇厂副总工程师。

1957 年　受命主持论证研制低空警戒雷达方案。

1958 年　受命主持研制中国第一部大型超远程跟踪雷达（代号 110）。

1959 年　南京雷达总厂更名为国防部第十研究院第十四研究所，被任命为副总工程师。

1962 年　1 月，第十四研究所列入军队编制。

1962 年　1 月，被授予中国人民解放军中校军衔。
担任"脉冲压缩信号形式、信号处理和雷达总体研究"课题总负责人。

1963 年　主持"相控阵天线和雷达总体的研究"课题，为研制大型二维相控阵超远程预警雷达 7010 奠定基础。

1964 年　研制成功中国第一台单脉冲试验雷达。

1965 年　第十四研究所集体转业，划归四机部管理。张直中获后备役军官证书。
任第十四研究所科技委员会副主任委员。
赴南京近邻江宁县长江公社，参加"四清"工作队。

1966 年　"文革"开始，受到冲击。

1967 年　被疑为"特嫌"而遭到隔离审查。

1969 年　1 月，解除隔离审查。到研究所工厂车间劳动。

1972 年　到研究所技术情报室工作。

1973 年　赴北京参与翻译和总校美国雷达专家斯科尔尼克（Merrill I. Skolnik）主编的《雷达手册》（*Radar Handbook*）。

1974 年　1 月，恢复副总工程师职务，受命主持新雷达论证工作。

1978 年　11 月，中国电子学会无线电定位技术分会（原名雷达专业委员会）第二届委员会成立，任主任委员。

开始招收硕士研究生。

1979 年　任第四机械工业部第十四研究所总工程师。

　　　　8 月，专著《雷达信号的选择与处理》由国防工业出版社出版。

　　　　12 月，加入了中国共产党。

1980 年　4 月，率团参加在美国召开的国际雷达会议，在会上用英文做"中国雷达技术的发展概况"学术演讲。会后在美国参观考察。

1983 年　辞去十四所总工程师职务，改任科技顾问。

1988 年　接受国家高科技"863 计划"的研究课题——"逆合成孔径雷达（ISAR）成像"。

1990 年　2 月，专著《微波成像术》由科学出版社出版。

1993 年　10 月，赴北京出席中国电子学会无线电定位技术分会第六届雷达学术年会，被授予首届雷达行业最高奖——"申仲义奖"。

1994 年　5 月，中国工程院成立，当选首批院士。

1998 年　6 月，接受中国工程科学技术奖助基金会颁发的第二届中国工程科学技术奖。

1999 年　10 月，赴北京出席钓鱼台国宾馆颁奖大会，获 1999 年度何梁何利基金科学与技术进步奖。

2004 年　1 月，专著《机载和星载合成孔径雷达导论》由电子工业出版社出版。

　　　　5 月，胡锦涛主席在第十四研究所会见张直中。

2011 年　9 月 16 日，因病医治无效，在南京去世。

# 张直中主要著述目录

1  张直中. X 线发生的浅说. 科学世界（南京），1933，2（8）：631-632.

2  张直中. 氧. 科学世界（南京），1933，2（11）：885-887.

3  张直中. 毒气防御略述. 光华附中半月刊，1934，1（3）：177-179.

4  张直中. 酒精之制造及检验法. 光华附中半月刊，1934，1（3）：217.

5  张直中. 放射浅说. 光华附中半月刊，1935，9（3）：81-84.

6  张直中. 英 S. L. C. MK Ⅵ式控制探照灯之雷达机. 联勤学术研究季刊，创刊号，1948，6：46-56.

7  张直中. 雷达信号的理论与脉冲压缩. 电子学报，1962，1（2）：1-14.

8  张直中. 高频脉冲相参积累滤波器. 电子学报，1963（2）：2-12.

9  张直中. 雷达技术的现况及发展趋势. 中国电子学会无线电电子学科学技术报告会第十二讲，内部资料，1964：1-18.

10  张直中. 雷达信号的模拟与数字处理技术（上）（模拟处理部分）. 国外电子技术，1975（9）：23-35.

11  张直中. 雷达信号的模拟与数字处理技术（下）（数字处理技术部分）. 国外电子技术，1975（10）：1-7.

12  张直中. 现代雷达的性能三要素和新体制新技术. 现代雷达，1979（1）：1-24.

13  Zhang Zhizhong. Survey Paper-Radar Research and Development, People's Republic of

China. The Record of the IEEE 1980 International Radar Conference, 1980: 136 – 138.

14　张直中. 中国雷达技术研究发展概况. 1980 年国际雷达会议录（上），172 – 174.

15　张直中. 前言. 现代雷达，1984（4 – 5）：1.

16　张直中. 低空防御雷达的现状和发展. 电子学报，1984（4）：77 – 84.

17　张直中. 机载脉冲多普勒雷达. 现代雷达，1985（2）：1 – 11，76.

18　张直中. X 射线 CT 成像和聚焦照射合成孔径雷达的共性和个性. 中国雷达专业学会第三届学术年会论文集，1985：1 – 6.

19　张直中. 九十年代搜索/跟踪雷达的信号处理. 现代雷达，1985（3）：9 – 16，8.

20　张直中. 合成孔径、逆合成孔径和成像雷达（一）. 现代雷达，1985（5）：95 – 110.

21　张直中. 合成孔径、逆合成孔径和成像雷达（二）. 现代雷达，1985（6）：95 – 122，69.

22　张直中. 通信. 现代雷达，1986（1）：172 – 173.

23　张直中. 合成孔径、逆合成孔径和成像雷达（三）. 现代雷达，1986（1）：119 – 167.

24　张直中. 高重复频率（PRF）脉冲多普勒雷达的测距模糊分辨法. 现代雷达，1986（2）：28 – 34.

25　张直中. 用 95 千兆赫对领导目标三维成像. 现代雷达，1986（6）：28 – 33（45）.

26　张直中. 航天飞机的合成孔径雷达天线. 现代雷达，1986（6）：59 – 63.

27　张直中. 雷达. 中国大百科全书·电子学与计算机（Ⅱ）. 1986：517 – 520.

28　张直中. 马萨诸塞州理工学院辐射实验室丛书. 中国大百科全书·电子学与计算机（Ⅱ），1986：587.

29　张直中. 脉冲多普勒雷达. 中国大百科全书·电子学与计算机（Ⅱ），1986：587 – 589.

30　张直中. 脉冲压缩雷达. 中国大百科全书·电子学与计算机（Ⅱ），1986：

589~591.

31　张直中. 大相控阵天线自适应聚焦成像技术. 现代雷达, 1987（4）：96-141.

32　张直中. 逆合成孔径雷达（ISAR）对飞机成象的主要难点. 现代雷达, 1989（4）：1-5, 25.

33　张直中. 逆合成孔径雷达成像. 逆合成孔径雷达文集（一）. 1989：1-19.

34　孟静, 张直中. 一种利用多普勒频率和相位进行 ISAR 成像运动补偿的方法. 中国电子学会雷达专业学会第五届学术年会论文集, 武汉：989：701-707.

35　肖健华, 汪波, 张直中. 二维成像基本原理和处理方法. 中国电子学会雷达专业学会第五届学术年会论文集, 武汉：1989：690-696.

36　孟静, 张直中. 一种利用多普勒频率和相位进行 ISAR 成像运动补偿的方法. 现代雷达, 1989（4）：6-14.

37　张直中. 对微波暗室转台成像应达到的若干性能要求的探讨. 现代雷达, 1990（3）：29-37.

38　孟静, 张直中. 一种用相位曲线拟合作运动补偿的 ISAR 二维成像. 现代雷达, 1990（3）：1-4, 28.

39　张直中. 多普勒波束锐化（DBS）理论和实践中若干问题的探讨. 现代雷达, 1991（2）：1-12.

40　张直中. 用微波雷达对多目标成像初探. 现代雷达, 1991（6）：1-17.

41　Zhang Zhizhong. The Principle and Technique of Doppler Beam Sharpening (DBS). Proceedings of CIE 1991 International Conference on Radar, 98-102.

42　Zhang Zhizhong, Dai Jianhua. Dopple Beam Sharpening for Arc Turning Flying, Chinese J. of Systems Engineering & Electronics Vol. 3 No. 2, 1992：27-37.

43　汪学刚, 张直中, 徐文卿. 机载预警雷达时、空二维信号准最佳处理的新方法. 现代雷达, 1992（2）：35-40, 47.

44　孟静, 张直中. 有孤立源存在时 ISAR 成像运动补偿. 电子学报, 1992（6）：21-27.

45 张直中. 论宽带相控阵雷达的战术优越性. 电子学报, 1993 (3): 84 – 91.

46 汪学刚, 张直中, 徐文卿. 时空二维信号的非自适应准最佳处理. 电子学报, 1993 (3): 37 – 44.

47 孟静, 张直中. 非均匀直线运动的 ISAR 运动补偿与成像. 中国电子学会雷达学会第六届年会论文集, 1993: 23 – 27.

48 张直中. 合成孔径雷达遥感技术及其应用. 电子工程师, 1997 (4): 2 – 7, 11.

49 张直中. 合成孔径雷达（SAR）的最新发展. 电子科技导报, 1997 (6): 2 – 6.

50 张直中. 发展中的三维成像合成孔径雷达. 现代雷达, 1999 (5): 6 – 13.

51 张直中. 军和民用的 AN/APG – 76（V）机载雷达. 现代雷达, 1999 (6): 1 – 4.

52 张直中. 九十年代合成孔径雷达（SAR）的发展简况. 第七届全国雷达学术年会特邀报告, 1999: 1 – 9.

53 张直中. 合成孔径雷达遥感技术及其应用. 火控雷达技术, 2000 (1): 1 – 7, 39.

54 张直中. 更新科研目标 追踪世界水平. 院士思维卷四, 合肥: 安徽教育出版社, 2001: 249 – 256.

55 张直中. 干涉法三维合成孔径雷达（3D – SAR）的原理和实例. 第八届全国雷达学术年会论文集, 2002: 1 – 5.

56 张直中. 合成孔径雷达（SAR）的最新发展. 现代雷达, 2003 (1): 1 – 8.

57 张直中. 雷达手册第 2 版 序言. 雷达手册中译本. 电子工业出版社, 2003.

58 张直中. 在"十一五"信息与电子领域着重发展 SAR/MTI 建设. 中国雷达行业协会（2003）特约稿, 1 – 5.

59 张直中. 我的雷达情结. 资深院士回忆录 第一卷, 上海: 上海科技教育出版社, 2003: 147 – 176.

60 张直中. SAR 动目标原理简介. 2003 年中国合成孔径雷达会议论文集, 3 – 9.

61 张直中. SAR 动目标简介. 电子科学技术评论, 2004 (4): 1 – 7.

62 张直中. 大力发展合成孔径雷达技术. 国际电子战, 2004 (3): 卷首语.

63　张直中. 先进合成孔径雷达/逆合成孔径雷达成像及其特征分析. 雷达科学与技术, 2005 (2): 65–70.

64　张直中. 双基合成孔径雷达. 现代雷达, 2005 (1): 1–6.

65　张直中. 合成孔径雷达（SAR）发展简况. 2005年中国合成孔径雷达会议论文集, 7–13.

66　张直中. 聚束 SAR 和对飞机 SAR 成像的同和异. 现代雷达, 2006 (1): 1–5.

67　张直中. 三维合成孔径雷达的原理和实例. 雷达科学与技术, 2006 (1): 12–14, 40.

68　张直中. 用合成孔径雷达（SAR）对地面动目标（GMTI）成像. 电子工程师, 2006 (2): 1–4.

69　张直中. 逆合成孔径雷达（ISAR）成像. 中国电子科学研究院学报, 2006 (5): 391–404.

70　张直中. 合成孔径雷达（SAR）与逆合成孔径雷达（ISAR）的发展综况. 2006年中国雷达技术论坛论文集, 1–18.

71　张直中. 发达国家的几种卫星应用考虑. 电子工程师, 2006 (10): 12–16.

72　张直中. 空基雷达的创新技术. 现代雷达, 2007 (1): 1–5.

73　张直中. 空间（卫星）SAR/MTI 应用辅助波束的多星形式分析. 电子工程师, 2007 (8): 5–7.

74　张直中. 数字式波束形成在星载双基和多基 SAR 中的优越性. 电子工程师, 2007 (9): 1–2, 9.

75　张直中. 机载 SAR 对动目标三维成像方案的分析. 现代雷达, 2009 (1): 1–3.

**专著**

1　张直中. 雷达信号的选择与处理. 北京: 国防工业出版社, 1979.

2　张直中. 合成孔径、逆合成孔径和成像雷达. 南京:《现代雷达》编辑部, 1986.

3　张直中. 微波成像术. 北京: 科学出版社, 1990.

4 张直中. 机载和星载合成孔径雷达导论. 北京: 电子工业出版社, 2004.

**译著**

张直中, 倪晋麟. 机载合成孔径雷达译文集. 十四所内部发行, 1994.

# 人名索引

**B**

巴顿（D. K. Barton） 79

八木秀次 60

白崇禧 23

鲍家善 59

毕德显 59，82

卞 妽 30

卜昂华 44，45

**C**

蔡金涛 59

蔡廷锴 12

蔡知觉 5

曹 杰 4

陈家振 21

陈 鲤 45

陈力为 126

陈汝铨 45

陈 垣 62

陈祖商 39

程开甲 44，45

程民德 21

程羽翔 21

**D**

邓小平 61

邓中夏 128

丁而昌 21

丁鹭飞 99

杜月笙 4

**F**

方重寿 36

冯 简 51，52

冯绍昌 36

## G

葛果行　36

葛　兴　55

葛正权　54，55，59

顾永盛　81，138

郭化若　72

郭任远　19

郭绍虞　10

## H

何　杲　36

何　利　131

何　梁　131

洪　鲲　21，22，24，36，37

胡济民　44，45

胡锦涛　117

胡梅轩　13

黄家桢　52，91

黄金荣　4

黄　松　39

黄玉珩　59

黄宗麟　21

霍少成　44

## J

吉上宾　21，22

江泽民　116

姜尔寿　36

蒋光鼐　12

蒋维乔　10

金马丁　13

金　鑫　53

## K

卡　特　100

柯有安　66，81，99，122

孔　子　138

## L

喇华崑　45

李彼得　45

李纪和　44，45

李健奎　21

李金发　136，137

里登诺尔（L. N. Ridenour）　94

梁绂生　30

廖世承　12

林守远　99

刘伯承　72

刘昌汉　30

刘海粟　133

刘奎斗　21，22

刘仙洲　62

刘　寅　99

刘永福　82

娄世英　52，53，92，133，135，137

陆大绶　82，122

陆尔强　13

罗沛霖　100，124

罗斯福（Frankin D. Roosevet）　41

## M

马大猷　59

毛燕誉　36

毛泽东　61，79，93

毛振琮　44，45

茅于海　99

孟　静　125

孟昭英　59

## N

内桑森（Fred Nathanson）　100

尼克松　100

聂荣臻　70，76，88

## O

欧阳景尊　99

## P

裴丽生　72

佩里（William Perry）　106

彭　冲　72

## Q

戚叔纬　30

钱宝琮　19

钱汝泰　28，30

钱　万　44，45

钱学森　79

钱钟韩　19

裘克安　44，45

## S

萨本栋　59

申伯纯　128

申仲义　55，60，63～65，67，72，73，77，80～82，88，89，98，127～130

沈乃斌　45

沈庆垓　44

沈自敏　30

施雅风　31

史铁夫　53

斯科尔尼克（Merrill I. Skolnik）　94，95，100

孙俊人　112

孙翁孺　27，28，30，46

孙新传　36，37，52，133

## T

汤兰九　21，36

汤永谦　106，107

## W

汪　达　36，37

汪学刚　125

王承绪　44

王定吾　18

王国松　19，27，31～34，36，92

王国维　2

王纪明　2

王家珍　21，36

王小谟　126

王兴蔚　36

王贞明　2

王　中　99

吴经熊　4，48

吴守一　36，37

吴研因　10

吴祖光　36

吴祖垲　126，127

X

希尔（Robert Hill）　100，102～104

希特勒（Addf Hiltler）　41

肖健华　125

徐念慈　10

徐璋本　59

许炳堃　18

许家屯　70

许亚平　137

薛国炜　81

荀　子　29

Y

严济慈　62

杨虎城　128

姚文琴　106，107

叶圣陶　10

叶彦世　55

叶自仪　36

余承华　45

俞承修　4，5

俞锺骆　5

虞承藻　21

虞德麟　28

宇田太郎　60

袁广澍　45

袁家璜　5

岳　飞　13

Z

张霭云　2

张爱萍　72，114

张光第（渭渔）　2

张光义　81，126

张国焘　128

张佩珍　135，138

张其昀　19

张启华　33，36，53，92

张锡熊　130

| | |
|---|---|
| 张祥云 2 | 周敏先 30 |
| 张　煜 36, 46 | 周培源 62 |
| 张雪珍 54, 135 | 周志炎 138 |
| 张幼珍 91, 135 | 朱传钧 36, 37 |
| 张元济 10 | 朱　德 70 |
| 张正学 3~5 | 朱福炘 19 |
| 赵端瑛 44, 45 | 朱松泰 10 |
| 赵忠尧 62 | 朱希侃 36 |
| 钟赤兵 71 | 竺可桢 19, 21, 24, 28~31, 43~45 |
| 周大一 9 | 庄　俞 10 |
| 周恩来 61 | 左群声 118 |
| 周方先 44, 45 | |

# 雷达人生
## ——张直中口述自传
### My Radar Career: the Oral Autobiography of Zhang Zhizhong

## 后 记

早在 30 年前就知道张直中先生，但未曾谋面。家里珍藏了一张江苏各地浙大校友在南京原黄埔军校同学会旧址"励志社"（现钟山宾馆）的合影①。家父钱克仁生前说，照片是 1980 年代初，他和张直中、朱传钧等浙大同学聚会南京，商讨组建浙江大学江苏校友会时拍摄的，家父还告诉我，站在中央的张直中是研制国产雷达的著名专家。

2002 年 5 月，我编辑了家父纪念册《名师严父》一书，寄送张直中先生。张先生很快回信，讲述了他与祖父钱宝琮的师生缘，与父亲钱克仁的同学情，最后道出"海内知己，零落殆尽"的感叹。

2010 年 3 月 6 日，终于有了拜见张先生的机会，我与表哥洪一新来到张家。虽为初次见面，但我们一见如故，没有代沟，交流轻松愉快。他兴奋地回忆了自己不少浙大求学的往事。当问及浙大西迁等历史细节，他告诉我他已将自存的档案资料、照片和物品捐赠给浙江大学档案馆。我向张先生索要传记，他女婿跟我说，还没有人写呢。我顿感惊讶，先生虽低调

---

① 笔者于 2012 年 3 月，将此合影照捐赠给浙江大学档案馆。

做人，但功成名就，誉满全国，为何没有一本传记出版？一股为他树碑立传之热情油然而生，我来写出他的雷达人生，讲出那些珍贵资料、照片中的精彩故事。

2010年3月下旬，我应邀去北京参加中国科学院等单位举行的竺可桢先生诞辰120周年学术纪念会，见到了《20世纪中国科学口述史》丛书主编樊洪业老师。在聆听了樊老师介绍后，我毛遂自荐，提出访谈张直中先生，整理编写《张直中口述自传》一书。樊老师当即表示同意，还给了我已出版的几本，并嘱咐将其中一本送给张先生本人。

从2010年4月起，我着手准备张直中口述访谈工作。已是耄耋之年的老科学家，身体、精神状况是千变万化的，我只能以只争朝夕的态度，在老人精神、情绪良好的情况下，见缝插针，抓紧工作。经过与张先生的近二十次面对面交流，我获得了大量生动的原始口述史料，先生博大深厚的学术修养和儒雅谦和的处事风格深深地印在我的脑海里。

访谈中，我了解到少年张直中在上海接受了良好的教育，并在东吴大学附中和光华大学附中小有名气，但缺少具体事例。为此，我一遍遍地查阅当时上海的各种报纸杂志。功夫不负有心人，我最终在上海图书馆查到先生在1933年到1935年期间，为当时颇有影响的《科学世界》杂志和《光华附中》校刊撰写的五篇科普论文，充分显示出"科学救国"的种子早已植入少年张直中的心中。我非常兴奋地将自己的"发现"告诉先生，他渐渐地回忆起自己参与光华附中科学会的往事。

访谈中，张先生多次提及1960年代自己在北京做的雷达技术演讲，说听众有 600 余人。他因未留底稿，连题目都记不清了，一直为此耿耿于怀。我便四处寻觅，最终在国家图书馆找到。1964 年 6 月，应中国电子学会邀请，张先生在北京科学会堂做了一次无线电电子学科学技术长篇报告，标题为《雷达技术的现状及发展趋势》。报告确实是一篇重量级的综述性论文，详细介绍了国际雷达界前十年新体制、新技术的应用以及他本人对后十年发展趋势的预测。我将报告复印本奉上，满足了先生的心愿。

2011 年春节过后，张先生身体和精力大不如前，基本是卧床休息。4 月 1 日是他 94 岁生日，我打电话前去问候，保姆告之当天先生精神状态比较好，我立刻带着影像设备，赶到他家，为寿星祝寿，并请家人帮他换上外套，留下了先生最新的

2011 年 4 月 1 日，钱永红（左）祝贺张直中（右）94 岁生日

录像、照片资料。

2011年9月15日上午,是我们爷俩最后一次见面的日子,也是张先生谢世的前一天。弥留之际的先生早已谢绝了所有的来客,唯独同意我一人探望。我来到先生床边,他吸着氧气,努力睁开眼睛,吃力地打起精神,嘴里咕哝起来,似乎要表达自己的临终心愿。我和他女儿都无法听懂先生的话语。我立刻侧下身子,握住他的手,关切地问道:"张伯伯,您是否在关心书稿的事,如果是,您点头。"先生点了一下头。我马上说:"感谢您一年来对我工作的鼎力支持。书稿一定会按照您的要求写好,您就放心吧!"极度虚弱的先生会心地点头,微笑着闭上了双眼。第二天,张先生安详地走完了自己的人生。

在之后的几个月时间里,我未敢懈怠,一边写作,一边继续四处收集资料。我去各地(包括张先生家乡浙江海宁)的图书馆、档案馆收集有关张先生的论文、讲稿及报道,并根据先生口述时提及的线索,大量翻阅相关史料,核实历史事件的人物、时间、地点。这些工作虽然辛苦、枯燥,但成果不菲。我将收集到的相关史料以"背景资料"和脚注的方式收录书中,便于读者更好地阅读张先生的忆述。

今天,《雷达人生——张直中口述自传》书稿终于完成了!此刻,我这颗悬着的心终于可以放松了。我要欣慰地告诉张先生:我没有辜负您的心愿!同时,还想对先生说:我衷心敬佩您、怀念您!

此外,我想在此感谢张直中先生的女儿张佩珍和张幼珍女士及女婿顾永盛先生。没有他们的支持与协助,我是无法在张先生年老体衰的情况下，完成近二十次的访谈工作和书稿整理。虽然其女儿、女婿没有直接参与传记的写作，但他们认真核对书稿的文字、数字、时间顺序，还提出了不少修改意见。同时，要感谢我的家人对我工作的全力支持与鼓励。还需要感谢赵玉洁、柯有安、朱爱红、肖健华、汪学刚和洪一新等先生给予我的帮助。蒙侯艺兵先生慨允，在本书封面采用了他拍摄的珍贵照片。借此机会，谨向诸位先生致以由衷的谢意！

钱永红<br>2012 年 7 月 15 日于南京东箭道寓所

#### 图书在版编目(CIP)数据

雷达人生：张直中口述自传/张直中口述；钱永红访问整理. —长沙：湖南教育出版社，2013.7
(20世纪中国科学口述史/樊洪业主编)
ISBN 978-7-5539-0719-2

Ⅰ. ①雷… Ⅱ. ①张… ②钱… Ⅲ. ①张直中—自传
Ⅳ. ①K826.16

中国版本图书馆CIP数据核字（2013）第162608号

| | |
|---|---|
| 书　名 | 20世纪中国科学口述史 |
| | 雷达人生——张直中口述自传 |
| 作　者 | 张直中　口述　钱永红　访问整理 |
| 责任编辑 | 王又清 |
| 责任校对 | 崔俊辉　郑　璐 |
| 出版发行 | 湖南教育出版社出版发行(长沙市韶山北路443号) |
| 网　址 | http://www.hneph.com　http://www.shoulai.cn |
| 电子邮箱 | 228411705@qq.com |
| 客　服 | 电话 0731-85486742　QQ 228411705 |
| 经　销 | 湖南省新华书店 |
| 印　刷 | 湖南天闻新华印务有限公司 |
| 开　本 | 710×1000　16开 |
| 印　张 | 12.5 |
| 字　数 | 147 000 |
| 版　次 | 2013年7月第1版　2013年7月第1次印刷 |
| 书　号 | ISBN 978-7-5539-0719-2 |
| 定　价 | 34.00元 |